物流管理系列实验教材

物流系统仿真

冯长利 主编

科学出版社
北京

内 容 简 介

本教材阐述了系统思想、系统仿真理论，特别是离散事件仿真知识。书中运用物流仿真软件 Flexsim 对一些典型的系统，如带返工的产品制造系统、产品搬运系统、单品种流水线生产系统、混合流水线系统、分拣中心、配货系统等进行了仿真案例演示。这些案例演示可进一步方便读者对物流系统仿真知识的理解和掌握，以及对 Flexsim 软件的学习和运用。

本教材兼顾理论性、实践性和操作性，可作为院校物流管理、生产运营管理、工商管理等专业的本科教材和研究生教材，也可作为企业物流管理者的培训参考书。

图书在版编目（CIP）数据

物流系统仿真 /冯长利主编. —北京：科学出版社，2017.10
物流管理系列实验教材
ISBN 978-7-03-052671-7

Ⅰ.①物… Ⅱ.①冯… Ⅲ.①物流–系统仿真–高等学校–教材 Ⅳ.①F252-39

中国版本图书馆 CIP 数据核字（2017）第 097160 号

责任编辑：兰 鹏 郝 静 / 责任校对：王晓茜
责任印制：吴兆东 / 封面设计：蓝正设计

科学出版社 出版
北京东黄城根北街 16 号
邮政编码：100717
http://www.sciencep.com

北京凌奇印刷有限责任公司 印刷
科学出版社发行 各地新华书店经销

*

2017 年 10 月第 一 版 开本：787×1092 1/16
2021 年 1 月第二次印刷 印张：10 1/4
字数：241 000

定价：46.00 元
（如有印装质量问题，我社负责调换）

前　　言

自 20 世纪 70 年代以来，随着计算机技术的蓬勃发展，特别是微型计算机的成熟与普及，计算机模拟技术不仅在理论上得到了极大的丰富和发展，而且在技术手段上也得到了全面开发，在实际问题的解决中得到了广泛的应用。本教材在系统地介绍系统理论、离散事件系统仿真等基础上，重点介绍了基于 Flexsim 仿真软件的物流仿真技术。

本教材在内容范围上，对常见的物流仿真问题做了比较全面的介绍。除了讲解系统思想、系统仿真、离散事件仿真、仿真软件等基础知识外，还给出了一些仿真实例，如带返工的产品制造系统仿真与分析、产品搬运系统仿真与分析、单品种流水线生产系统仿真与分析、混合流水线系统仿真与分析、分拣中心仿真与分析、配货系统仿真与分析等。这些仿真实例既方便读者掌握仿真的基本概念，又使读者了解和初步掌握物流仿真软件 Flexsim 的基本操作。

本教材第一部分包含第 1 章、第 2 章，介绍了系统仿真概论。第 1 章主要介绍了系统的定义、特征和分类；第 2 章介绍了系统仿真和物流系统仿真的基本步骤等，使读者对系统仿真及其在物流系统分析中的应用状况有一个基本的了解。第二部分介绍了 Flexsim 仿真软件初级建模的功能和应用技术。其中包含 Flexsim 软件的功能特点、Flexsim 的基础模块、主要功能和建模技术。第三部分为物流系统仿真实例，分别从生产物流系统、物流配送中心等方面进行了仿真建模方法与实例的讲解。本教材力争体现教材的基础理论性、时代性、实践性和创新性等特点。

本教材的前身是自 2004 年至今十余年为学生开设物流仿真课逐步形成的自编教材。在自编教材基础上，本教材经归纳整理逐步形成。在十余年的教材编写过程中，赵静、丁晓梅、高明晶、张昂分别编写了本教材 1~5 章中的部分章节，最后由冯长利进行统稿。本教材的编写参考和引用了大量的相关著作、教材、论文资料，这些研究成果极大地丰富了本教材的内容，在此向这些专家和学者表示衷心的感谢。限于编者水平有限，所述内容难免存在疏漏和不足，恳请各位专家、学者及广大读者批评指正。

编　者

2017 年 6 月

目　　录

第 1 章　系统论基础 ·· 1
　1.1　系统论思想发展 ··· 1
　1.2　系统的概念及其原理 ··· 3
　1.3　系统分类 ·· 4

第 2 章　系统仿真概述 ·· 7
　2.1　系统仿真简介 ··· 7
　2.2　仿真原理 ·· 8
　2.3　系统仿真建模及工作过程 ··· 9
　2.4　离散事件系统仿真技术 ·· 10
　2.5　系统仿真软件简介 ··· 12

第 3 章　Flexsim 物流仿真软件关键技术研究 ··· 14
　3.1　Flexsim 软件介绍 ··· 14
　3.2　Flexsim 的功能 ··· 16
　3.3　Flexsim 的应用场合 ··· 17

第 4 章　Flexsim 术语及其实体库 ··· 21
　4.1　Flexsim 的术语 ··· 21
　4.2　Flexsim 实体库 ··· 36

第 5 章　物流仿真实验 ··· 67
　实验 1　带返工的产品制造系统仿真与分析 ·· 67
　实验 2　基本的统计工具添加与分析 ·· 76
　实验 3　产品搬运系统仿真与分析 ·· 85
　实验 4　制造加工车间系统仿真与分析 ·· 96
　实验 5　单品种流水线生产系统仿真与分析 ······································ 110
　实验 6　混合流水线系统仿真与分析 ·· 121

实验 7　分拣中心仿真与分析 ··· 130
实验 8　回购中心的规划与模拟 ··· 137
实验 9　配送中心仿真与分析 ··· 144
实验 10　配货系统仿真与分析 ··· 151

参考文献 ··· 156

第 1 章 系统论基础

1.1 系统论思想发展

1.1.1 朴素的整体思想

最早的整体思想来源于古代人类的社会实践经验。人们要从事各项社会活动，就要在实践中同各种对象打交道，于是人们逐渐积累了认识系统、处理系统问题的经验，这就产生了朴素的整体思想，即系统的萌芽思想。例如，古代巴比伦人和古代埃及人就把宇宙看做一个分层次构成的整体。作为古老的农业国家，我国从殷商时代起，在畜牧业和农业发展的基础上，产生了阴阳、八卦、五行等观念，来探究宇宙万物的发生和发展，从而开始了最早的对系统的思考与实践。《管子·地员》《诗经·七月》等著作，对农作物的种子、地形、土壤、水分、肥料和季节等元素的关系，做了较为系统的辩证叙述；著名的军事著作《孙子兵法》从天时、地利、将帅、法制和政论等方面对战争进行了整体的分析；医学著作《黄帝内经》也强调了人体内部各系统的有机联系。

1.1.2 机械的系统思想

15 世纪以来，分门别类的研究事物的方法，开始取代古代朴素、系统和整体的观察事物的方法。这种思维方式是同当时自然科学的发展相适应的。在文艺复兴运动中，近代自然科学把系统的观察和实验同严密的逻辑体系相结合，从而产生了以实验事实为根据的系统的科学理论。这些科学理论，最著名的有从"哥白尼革命"中诞生的日心系统，有产生于第一次科学大综合时代的力学体系，以及在此基础上所形成的生命机器系统理论。培根根据科学实验的成果，认为必须对一切可以获得的事实进行记录，然后再将这些记录的材料按一定的规则排列出来，编成表格。这样就出现了分门别类的研究事物的方法。这种思维方法，后来被 17 世纪初的哲学家霍布斯从哲学上加以概括，使其带有理论的性质。他把培根的理论系统化、极端化，用力学和几何学的原理来解释物质及其运动，认为物质运动纯粹是机械运动，是靠外力推动的。他认为把"物体-活的-理性"三个东西加到一起就是人。接着，牛顿又把这种思想发展到顶峰，并贯穿到力学和物理学当中。

1687年，牛顿出版了《自然哲学的数学原理》一书。该书把严密的数学推理和实验观测相结合，对物质组成、相互作用和运动规律进行了全面的系统论证，从而建立起了一个完整的普遍有效的力学理论体系。他的另一部著作《论宇宙系统的体系》把宇宙万事万物当作相互联系的大系统来阐述。但是，牛顿同哥白尼一样受到时代的局限，认为宇宙是没有任何发展变化的，完全是机械的、僵死的，这样便陷入了形而上学。

机械的系统思想虽然有着不可克服的局限性，但我们也必须承认它是人类系统思想发展的一个必经阶段。它的局限性在于其观点是"机械的"，即仅用力学的尺度来衡量化学过程和有机过程，不承认"整体大于部分之和"的原理，而坚持"整体等于部分之和"。因此，机械的系统思想作为一种普遍的思想方法本质上是形而上学的。这种思维方式虽然过分强调分析方法，但就思想的部分来说，它并不是完全否认事物各部分之间是有联系的，它仍然承认从整体出发去认识自然体系，其中一些代表人物的思想也确实为现代系统思想的产生起到了重要的启示作用。因此，机械的系统思想作为系统思想史上的承上启下的理论，为后来系统思想的发展提供了有价值的思想资料。

1.1.3 辩证的系统思想

17世纪上半叶以来，自然科学的成就使辩证的系统思想有了进一步的发展。正如恩格斯指出的："我们现在不仅能够指出自然界中各个领域内的过程之间的联系，而且总的说来也能指出各个领域之间的联系了，这样，我们就能够依靠经验自然科学本身所提供的事实，以近乎系统的形式描绘出一幅自然界联系的清晰图画。"[①]

到了19世纪，自然科学的发展引起了人们认识的根本转向。达尔文的生物进化论为生物有机论提供了一个科学的理论基础，而系统思想的发展同达尔文的进化论有着最直接的渊源关系。

生物进化论认为生物是一个变化的系统，是在外界自然条件的影响和选择下，相应改变本身内部结构的系统。达尔文的有机进化思想冲击了机械的系统思想，使系统思维方式有了长足的发展。

1.1.4 定量化的系统思想

19世纪末以来，自然科学、社会科学的发展推动了系统思想的发展。系统思想由定性的哲学理论概括发展为定量的具有广泛意义的科学思维方式。

我们知道，科学认识的一般规律，往往都是先对研究对象进行定性的研究和描述，而后才进一步研究其量的规定性，进行定量的分析与计算。同时，也只有在精确地做了定量研究以后，方可更深入地认识事物的本质。

---

① 《马克思恩格斯全集》第4卷，第241-242页。

马克思曾经指出，任何一门科学只有能够充分运用数学的时候，才算是达到了真正完善的地步。系统思想的发展也是这样，在定性研究的基础上，现代科学技术又提供了一套数学工具，来定量分析和计算系统各要素之间的相互联系与作用，定量的分析与运算有利于做出综合性的合理安排，从而使人们更好地认识世界和改造世界。

系统思想之所以发展到定量化的阶段，是因为现代科学技术发展的客观要求。随着新兴学科的蓬勃发展，人们面前的认识对象不断复杂化，人们经常会遇到大范围、高参量和超微观、超宏观的问题，这在客观上推动着人们必须不断地去探索认识复杂事物的方法，因而也就在客观上确定了定量分析的系统思想的产生。

1.2 系统的概念及其原理

"系统"一词源于古希腊语。系统论的创立者贝塔朗菲把系统定义为相互作用要素的综合体。目前比较公认的系统定义为，系统是为达到某种目的，由相互作用、相互关联的若干要素结合而成的具有特定功能的有机整体。因此，系统由两个或两个以上的要素组成，各要素间相互联系，使系统具有一定结构，保持系统的有序性，从而使系统具有特定的功能。

系统功能是系统与环境相互联系、相互作用的外在活动形式或外部秩序，它是系统与外部环境相互联系、相互作用过程的秩序和能力。任何一个系统功能的发挥，不仅取决于这个系统各组成部分或要素对该系统的作用大小，而且取决于系统的各种关系对该系统所产生的影响大小。系统是相对于外部环境而言的，外部环境向系统提供资源、能量及信息等，这一过程称为输入。系统应用自身所具有的功能，对输入的元素进行转换处理，形成有用产品，再输出到外部环境供其使用。输入、转换、输出是系统的三要素。另外，由于外部环境的影响，系统的输出结果可能偏离预期目标，所以系统还具有将输出结果的信息反馈给输入部分的功能。一个完整的系统是由输入部分、输出部分、转换过程和系统运行过程中的信息反馈环节等构成的。在系统运行过程中，或系统循环周期结束时，会有外界信息反馈回来，为原系统的完善提供改进信息，使下一次系统的运行得到改进。如此循环往复，便可以实现系统有序的良性循环。

从系统的概念和模式中，可以看出系统具有以下几个主要特征。

（1）整体性。系统是由两个及两个以上要素（子系统）构成，各部分有一定的独立性，但又互相关联的一个有机整体。

（2）关联性。各组成要素间相互关联、相互作用，使系统能够实现其功能。要使一个系统能够实现它的功能，它的各个组成要素或子系统必然是相互关联和相互作用的，这表现在某个子系统接受输入而产生输出，而这个子系统的输出又往往成为另一个子系统的输入。系统的这种关联性表现为各子系统之间存在一定的物质流动、信息流动和信息反馈关系。

（3）目的性。系统具有特定的目的和明确的目标。设计和运行一个系统是为了一定的目的，即为了实现特定的功能和最优化。

（4）动态性。系统处于不断变化和运动之中，即系统要不断地输入各种能量、物质和信息，通过转换处理，输出满足人们某种期望的要求。人们也正是在系统的动态发展中实现对系统的管理和控制，充分发挥系统的功能。

（5）环境适应性。系统处于一定的环境之中，受环境的约束和限制。任何系统都有一定的边界和环境，它与周围的外部环境具有一定的联系和相互作用：系统从环境中接受各种影响（包括正常的输入和随机干扰），再经过转换，产生一定的输出，从而对外部环境发挥一定的作用。外部环境及其影响是变化的，为了使系统达到最优化，必须对系统进行调节，使之适应环境的变化。

（6）约束性。系统对环境来说，表现为功能，因此受到环境的约束，而系统内部则受结构的影响，形成了系统内部约束。所以，大多数系统既受到环境施加于它的外部约束，又受到自身固有的结构局限性带来的内部约束。

如果要正确地运用系统的概念和思想方法，就必须要掌握几种基本的系统原理，它们分别是整体性原理、层次性原理、开放性原理和目的性原理。

在定义一个系统时，首先要确定系统的边界。尽管世界上的事物是相互联系的，但当我们研究某一对象时，总是要将该对象与其环境区别开来。边界确定了系统的范围，边界以外对系统的作用称为系统的输入，系统对边界以外的环境的作用称为系统的输出。

1.3 系统分类

系统的分类方法有很多，按照不同的分类方法可以得到各种类型的系统。我们仅从仿真建模研究的需要出发，对系统进行分类。

1.3.1 按系统输入与输出关系分类

按照系统输入与输出之间的关系，可以将系统分为确定性系统和随机系统。

确定性系统是指输出完全由系统的输入以及相应的转换关系（包括决策、措施等）所决定的系统。这里，系统的输入、转换关系和输出都是确定的，只要知道输入，就可预先确定系统的输出。

随机系统在既定的输入下，输出是非确定的，带有随机的性质。产生随机性是由于在系统的输入过程中存在多种难以预知的偶然因素。然而，尽管随机系统的输出不能完全被预知，但它们通常遵循一定的统计规律。确定系统输出（或者输入）的统计分布以及对系统的输出进行估计，是系统仿真的主要任务之一。

大多数管理系统都属于随机系统。对于这类系统，在其复杂性超过一定限度时，运用数学解析方法建立系统模型并求解往往是很困难的，甚至是不可能的。在这种情况下，仿真方法就显示出其优越性。

需要指出的是，把一个实际系统看做确定性系统还是随机系统，取决于研究的目的和手段。一般来说，如果是研究系统的结构和作用机理，就可以将系统看做是确定性的。而若是研究系统的参数优化、作业计划的合理安排和预测等，就应将系统看做是随机的。确定性假设的简化程度高，而随机性假设更接近真实情况。

1.3.2 按状态变化方式分类

在系统仿真中，按照系统中起主导作用的状态变量的变化是否连续，可分为连续系统和离散事件系统。按状态变化方式分类是最重要的一种分类方法，我们把与特定时间和研究目的有关的描述系统所需变量的集合定义为系统的状态。排队系统的研究中，状态变量可能是正忙着的服务员数、在系统中的顾客数及每个顾客达到系统的时间等。

1. 连续系统

连续系统是指系统的状态变量随时间变化而发生连续变化的系统。例如，一个飞机的飞行系统就是一个连续系统，因为其状态变量的位置、速度等都随时间的变化而连续变化。这类系统的动态特性可以用微分方程或一组状态方程来描述，也可以用一组方差方程或一组离散状态方程来描述。究竟采用哪一种描述方法，取决于研究者是对系统状态随时间连续变化的整个过程感兴趣，还是仅对某些时间点感兴趣。例如，在一些社会经济系统中，往往所能得到的数据是月数据、季度数据，甚至是年数据只有按月、季度，甚至是按年的。尽管这类系统实际的状态变化是连续的，但是动态特性也只能用差分方程和离散状态方程来描述。

不论系统是用微分方程还是用差分方程来描述，只要系统的实际状态变化是连续的，都应该归为连续系统一类。有时为了区别，用差分方程描述的这一类系统，又称为采样系统。

2. 离散事件系统

离散事件系统是指系统的状态变量在某些离散的时间点发生瞬时变化的系统。排队系统就是一个离散事件系统，因为其状态变量——顾客人数，只有当有顾客到达或者离开时才会发生变化。按照系统仿真的术语，称状态的瞬间变化为事件，将发生事件的时刻称为事件时间。如果事件时间是一些非均匀离散时点，这样的事件就被称为离散事件，相应的系统被称为离散事件系统。在系统仿真中，凡提到离散系统时，若不特别说明，则是指离散事件系统。在工程和计划管理中有许多这样的系统，如经济管理系统、物流配送系统、库存系统、通信系统、计算机系统及道路交通系统等。这些系统一般规模庞大、结构复杂，很难用解析法求得结果，因此，一般用计算机仿真技术来进行系统分析和设计。

实际的管理系统大多是一些复杂系统，但是可以根据系统中起主导作用的状态变量的类型，把系统简化成离散事件系统或者连续系统。一个系统被划分为连续系统还是离散事件系统，除了取决于系统中起主导作用的状态变量的变化是否连续之外，还取决于对系统的研究目的。一般来说，若研究对象是宏观系统，或者研究的目的是系统动态行为的模式及其结构原因，就应该将系统看做连续系统；若研究对象是微观系统或研究的目的是处理过程的优化和参数的优化等，就应该将系统作为离散事件系统来处理。

  3. 线性系统和非线性系统

  根据系统要素之间相互作用的性质，可以将系统分为线性系统和非线性系统。由于要素之间的关系最终会影响到系统输入与输出之间的依赖关系，所以，只要系统中含有非线性环节，就是非线性系统。

  实际的系统大多是非线性系统，而将其看做线性系统不过是一种抽象和简化。线性系统模型比较简单，可以应用业已成熟的线性系统分析方法对其进行研究。由于线性模型在建模分析和求解方面的优点，我们在构造系统模型时，总是尽可能地使之线性化，即使对于一些无法将其完全显性化的非线性关系，我们也设法使之分段线性化。但这种线性化的简化不应改变系统原有的主要特性，由此引入的误差不应超过允许的限度。

  是否要做线性假设，主要取决于研究目的和可能采用的研究方法。一般来说，构造系统的解析模型并试图求得解析解时，线性的假设是必不可少的，而采用系统仿真方法将不受这种限制。有时，在仿真模型中引入一些关键的非线性关系，将使模型的输出更丰富和更接近实际系统，从而使分析的结论更可靠。

第 2 章　系统仿真概述

2.1　系统仿真简介

2.1.1　系统仿真的概念

仿真又称蒙特卡罗方法，它是一种通过用随机数做实验来求解随机问题的技术。仿真的定义变迁如下。

1961 年，摩根塔特首次定义仿真：在实际系统尚不存在的情况下，对于系统或活动本质的实现。

1978 年，科恩的著作《连续系统仿真》定义：用能代表所研究的系统的模型做实验。

1982 年，斯普里耶扩充定义：所有支持模型建立与模型分析的活动即仿真活动。

1984 年，奥伦提出：仿真是一种基于模型的活动。

随着仿真概念的不断深入发展，现在一般认为系统仿真是建立在控制理论、相似理论、信息处理技术和计算技术等理论基础之上的，以计算机和其他专用物理效应设备为工具，利用系统模型对真实或假想的系统进行实验，并借助于专家经验知识、统计数据和信息资料等对实验结果进行分析研究，进而做出决策的一门综合性和实验性的学科。

2.1.2　系统仿真的必要性

对系统进行仿真研究可为人们带来如下益处。

（1）优化系统设计。在复杂的系统建立以前，对系统或系统的某一部分进行性能评价，进而能够通过改变仿真模型结构和调整参数来优化系统设计。

（2）节省经费。仿真实验只需要在可重复使用的模型上进行，所花费的成本远比在实际产品上做实验低。

（3）有利于系统故障诊断。系统发生故障后，设法使之重演，以便判断故障产生的原因。

（4）避免实验的危险性。某些实验有危险，不允许进行，而仿真实验可以避免危险发生。

（5）进行假设检验。仿真可以预测系统的特性，也可以预测外部作用对系统的影响；训练系统操作人员。

（6）为管理决策和技术决策提供依据。

2.2 仿真原理

随机抽样（统计实验分析）方法的基本思想：当实验次数充分多时，某一事件出现的频率近似于该事件发生的概率。

由于随机因素的存在，任意两次仿真的结果很可能是不一样的，所以一次仿真的结果没有什么实际意义，是不能作为决策依据的。但可以用多次仿真实验的结果进行统计分析，来推断系统的性能，如图 2.1 所示。

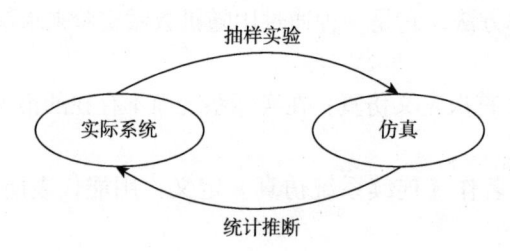

图 2.1 统计分析

仿真术语：以一定的置信度推断系统的性能位于某个置信区间，如图 2.2 所示。

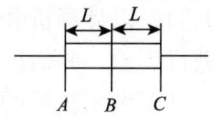

A：系统性能指标的最小值
B：系统性能指标的均值（期望）
C：系统性能指标的最大值
L：置信区间半长

图 2.2 仿真术语

置信度：可靠性程度；置信区间：可靠性区间；精度：精确性程度，如置信区间半长；样本量与精度的平方成反比，与置信度下有关分布的临界值的平方成正比。

仿真类型不同，所采用的输出统计分析方法也不同。仿真类型一般有终态仿真和稳态仿真两种。终态仿真主要研究在规定时间内的系统行为，而稳态仿真主要研究系统长期运行的稳态行为。

（1）终态仿真是在有限时段内的仿真，仿真结果与系统初始状态有关。该仿真用相同的初始条件与终止事件做 n 次独立重复仿真运行，每次使用不同的随机数据。为消除自相关影响，可对每次运行的结果进行平均处理。

（2）稳态仿真是仿真时间趋于无穷的仿真，仿真结果在理论上与系统初始状态无关。与终态仿真相比，该仿真除了需要消除自相关因素外，还有一个重要的方面就是要消除初始状态的影响（解决初始瞬态问题）。

（3）常用分布：①均匀分布——连续分布，只知道最大值和最小值时使用；②三角分布——连续分布，只知道最大值、最小值和最可能值时使用；③泊松分布——离散分布，模拟固定间隔时间内的随机事件数量，如到达人数、批量大小等；④正态分布——连续分布，如用于表示加工时间等；⑤指数分布——连续分布，常用于表示间隔时间；⑥离散概率分布——常用于表示工件类型等。

（4）仿真 Ticker 的推进方式：面向事件的仿真 Ticker 推进和面向时间间隔的仿真 Ticker 推进，如图 2.3 和图 2.4 所示。

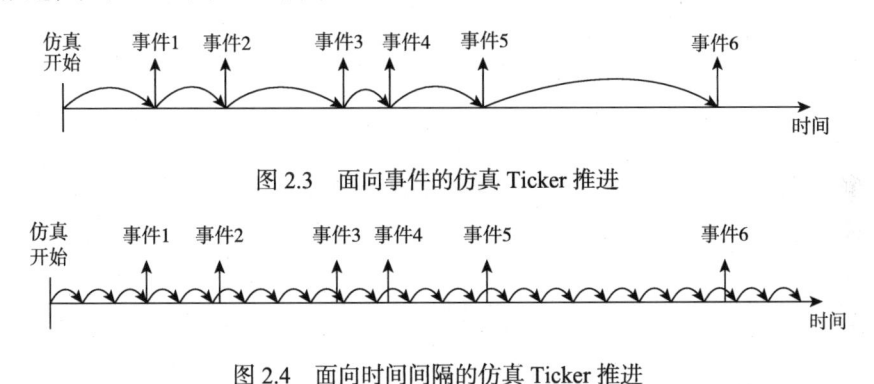

图 2.3　面向事件的仿真 Ticker 推进

图 2.4　面向时间间隔的仿真 Ticker 推进

2.3　系统仿真建模及工作过程

系统仿真有三项基本要素：系统、系统模型和计算机。三项要素的基本活动：模型建立、仿真模型建立和仿真实验。系统仿真建模及工作过程如图 2.5 所示。

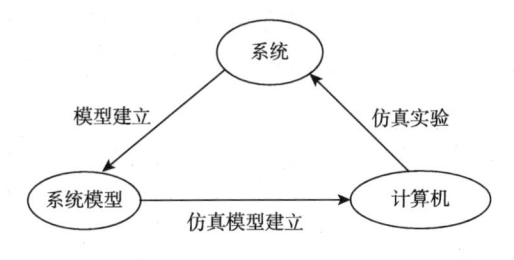

图 2.5　系统仿真建模及工作过程

物流系统仿真一般步骤为调研系统、建立系统模型、确定仿真算法、建立仿真模型、运行仿真模型、仿真结果分析、仿真结果输出、系统方案分析、修改系统参数、重复仿真运行和分析，直至仿真结束，如图 2.6 所示。

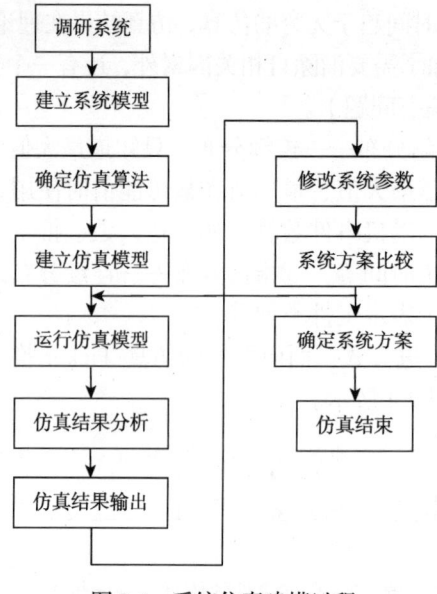

图 2.6 系统仿真建模过程

2.4 离散事件系统仿真技术

2.4.1 基本概念

（1）实体：构成系统的基本元素，系统的工作过程实质上就是这种实体流动和接受加工、处理及服务的过程，如生产自动线上待加工的零件，计算机系统待处理的信息，以及商店或医院中排队等待的顾客等。

（2）设备。设备是固定的，此处设备的含义是广泛的，这些设备用于对实体进行加工、处理或服务，它们相当于连续系统中的各类对信息进行交换处理的元件，如机床、电话交换系统、营业员或者医生等。实体按一定规律不断地到达（产生），在设备作用下通过系统接受服务，最后离开系统。

（3）事件。事件是引起系统状态发生变化的行为。例如，可以定义顾客到达为一类事件，而这个事件引起系统的状态——理发师的状态从"闲"变成"忙"，或者引起系统的另外一个状态——顾客的排队人数发生变化。同样，一个顾客接受服务完毕后离开系统也可以定义为一类事件。

（4）活动。活动是指离散事件系统中的活动，通常用于表示两个可以区分的事件之间的过程，它标志着系统状态的转移。例如，顾客的到达事件与该顾客开始接受服务事件之间可称为一个活动，该活动使系统的状态（排队长度）发生变化，顾客开始接受服务到该顾客服务完毕后离开也可以视为一个活动，它使排队长度减1。

（5）进程。进程由若干个有序事件及若干个有序活动组成，一个进程描述了它所包括的事件、活动间的相互逻辑关系及时序关系。例如，一个顾客到达系统、经过排队、接受服务到服务完毕后离去可以称为一个进程。

事件、活动、进程三者之间的关系如图 2.7 所示。

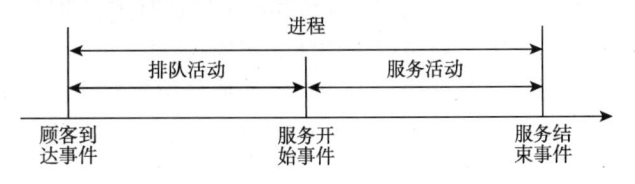

图 2.7　事件、活动、进程三者之间的关系

（6）仿真钟。仿真钟用于表示仿真时间的变化。在离散事件仿真中，由于事件发生的时间是随机的，而且两个相邻发生的事件之间系统状态不会发生任何变化，而仿真钟可以跨过这些"不活动"周期，从一个事件发生时刻推进到下一事件发生时刻。

（7）统计计数器。离散事件系统的状态随事件的不断发生也呈现出动态变化过程，但仿真的目的是要知道单个状态是如何变化的。例如，由于顾客到达具有随机性，理发师为每个顾客服务的时间长度也是随机的，所以在某一时刻，顾客排队的长度或理发师的忙闲情况完全是不确定的。在分析该系统时，统计计数器需要的是系统的平均排队长度、顾客的平均等待时间或者是理发师的利用率等。

2.4.2　仿真模型类型

描述这类系统的数学模型可以分为以下三个部分。

（1）到达模型。在离散事件系统中，该模型用概率函数来定义，称为到达分布函数。一般到达时间服从泊松分布，如电话交换系统中的呼叫次数、计算机信息处理系统中信息的到达、商店和医院等服务机构中人的到达次数等。

（2）服务模型。它是用来描述设备为实体服务的时间模型。一般服务时间服从负指数分布。

（3）排队模型。它是用来描述在服务过程中出现排队现象时，系统对排队的处理规则。一般有如下规则：先到先服务、后到先服务、随机服务和优先服务。

2.4.3　离散事件系统仿真方法

离散事件系统中的诸多实体之间相互联系、相互影响，并发生在同一时间基上。建立起各类实体之间的逻辑关系是离散事件系统仿真的重要内容之一。下面介绍目前比较成熟的三种仿真方法。

1. 事件调度法

离散事件系统中最基本的概念是事件，事件的发生引起系统状态的变化。用事件的观点来分析真实系统，通过定义事件及每个事件发生，引起系统状态的变化，按时间顺序确定并执行每个事件发生时有关的逻辑关系,这就是事件调度法的基本思想。

2. 活动扫描法

如果事件的发生不仅与时间有关,而且与其他条件也有关,即只有满足某些条件时,事件才会发生,在这种情况下,就可以采用活动扫描法。

活动扫描法的基本思想:系统由成分组成,而成分包含着活动,这些活动的发生必须满足某些条件;每一个主动成分有一个相应的活动子例程;在仿真过程中,活动的发生时间也作为条件之一,而且较之其他条件具有更高的优先权。

3. 进程交互法

进程交互法采用进程描述系统,它将模型中的主动成分历经系统时所发生的事件及活动按时间顺序进行组合,从而形成进程表。一个成分一旦进入进程,它将完成全部活动。

以上讨论的三种仿真方法在离散事件系统仿真中均得到广泛的应用。有些仿真语言采用一种方法,有的则允许用户在同一个仿真语言中用多种方法,以适应不同用户的需要。

显然,选择何种方法依赖于被研究的系统的特点。一般说来,如果系统中的各个成分相关性较小,就应采用事件调度法,相反,就应采用活动扫描法;如果系统成分的活动比较规则,就应采用进程交互法。

2.5 系统仿真软件简介

1. Arena

Arena 是美国 System Modeling 公司开发的可视化的通用交互集成的仿真软件,很好地解决了计算机仿真与可视化的有机集成问题,具备高级仿真器的易用性和专用仿真语言的柔性。它是一种集成的仿真软件,在物流中的主要运用如下:①在生产过程中,进行设备布置。②在生产管理中,进行生产计划、库存管理、生产控制、产品市场的预测和分析等。③在生产价值分析方面,可进行生产系统经济性、风险性分析,从而改进生产、降低成本或辅助企业投资决策。④可实现企业流程再造可视化仿真优化,实现敏捷供应链管理的可视化仿真决策等。

2. Automod

Automod 是美国 Brook Automation 公司开发的产品,是目前市面上比较成熟的三维离散性事件仿真软件之一。Automod 建立搬运机器设备等对象物体。各个作业流程都要建立过程语言,通过编写程序才能做出作业流程。建模操作十分复杂,由于对全部机器设备等对象物体都需要程序命令语言,所以操作人员必须要具备编程知识。

3. ShowFlow

ShowFlow 是来自英国的仿真软件,可为制造业和物流业提供建模、仿真、动画和统计分析等服务。ShowFlow 可以提供生产系统的生产量、确定瓶颈位置、估测提前期和报告资源利用率。ShowFlow 还可以被用来支持投资决定,校验制造系统设计的合理性,以及通过对不同的制造策略进行仿真实验来找出最优解。

4. Stream

该软件是日本开发的仿真软件,其最大特点是从日文命令组中选出并排列形式以记述每一个设备的控制逻辑,它不仅可当作物流生产线的仿真器使用,而且在单个机械设备的仿真方面也可以用来变通使用。其开发基础是 Sil-Tools,与一般的 Windows 应用程序相比,其操作上的感觉有些不同,且需要特殊的开发环境,所以在扩展性和技术支持方面尚有不足。

5. RaLC

该软件是由上海乐龙人工智能软件有限公司(日本人工智能服务有限公司在华子公司)提供的,是面向对象的。物流配送中心所使用的基本搬运器械设备,即对象事物,包括各种传送带、自动立体仓库、平板车等,以及工作人员的装卸、分拣、叉车搬运等,这些全部以按钮的形式摆放在工具栏上,而且可以通过对对象物体的配置来进行设计,用于对各类对象物体的形状和规格建模也十分直观。RaLC 乐龙系列软件在建模速度、建模操作简便性、模拟和仿真精确度等方面表现较好。

6. Witness

它是由英国 Lanner 集团用数十年系统仿真经验开发出的,面向工业系统和商业系统流程的动态系统建模仿真软件平台,是离散型的仿真软件,是世界上该领域的主流仿真软件之一。它的流程的仿真动态演示是三维的,提供了大量描述工业系统的模型元素,如生产线上的加工中心、传送设备及缓冲存储装置等。

7. Flexism

Flexism 是由美国 Flexsim Software Production 公司开发的,也是迄今为止世界上第一个在图形环境中集成了 C++和编译器的仿真软件。

目前在市场上,像 Flexsim 一样能为用户量身定制的仿真软件非常罕见。软件的所有可视窗体都可以向定制的用户公开。建模人员可以自由地操作部件、视窗、图形用户界面、菜单,以及选择列表和部件参数,可以在部件里增加自定义的逻辑、改变或删掉既存的编码,也可以从零开始完全建立一个新的部件。

Flexsim 有非常强大的图表分析能力,它不像其他软件那样,模型和数据分析分开实现,而是可以同时在 3D 模型里表现出来。当赋予模型一定的实际数据和指标,并且运行模型以后,工厂的生产情况就可以直接在模型模拟的过程中动态地表现出来。

第 3 章 Flexsim 物流仿真软件关键技术研究

3.1 Flexsim 软件介绍

Flexsim 是一个通用工具，可被用来对若干不同行业中的不同系统进行建模。Flexsim 已被大小不同的企业成功运用。粗略统计，《财富》杂志前 500 名企业中的大约一半为 Flexsim 的客户，包括一些著名的企业，如 General Mills、Daimler Chrysler、Northrop Grumman、Discover Card、DHL、Bechtel、Bose、Michelin、FedEx、Seagate Technologies、Pratt & Whitney、TRW 和 NASA。

在物流领域中常见的离散事件系统有供应链库存控制系统、交通运输系统、生产物流系统、仓储物流系统和港口装卸系统等。为了对这些系统进行分析和评价，最终达到优化系统的目的，经常借助系统仿真，这会得到意想不到的效果。Flexsim 就是一种离散事件系统仿真软件。

Flexsim 是由美国的 Flexsim Software Production 公司出品的，是一款商业化离散事件系统仿真软件。Flexsim 采用面向对象技术，并具有三维显示功能。建模快捷方便和显示能力强大是该软件的重要特点。Flexsim 是一套系统仿真模型设计、制作与分析的工具软件，它集计算机三维图像处理技术、仿真技术、人工智能技术、数据处理技术为一体，专门面向制造和物流等领域。

Flexsim 可以在计算机内建立研究对象的系统三维模型，然后对模型进行各种系统分析和工程验证，最终获得优化设计和改造方案。Flexsim 是新一代离散事件系统仿真的有效工具。在 Flexsim 的支持下，建模过程变得十分简便，只需要通过图形的拖动和必要的附加程序就可以快速建立系统的模型。该软件提供了处理器、操作员、吸收器、输送器、堆垛机、货架和暂存器等多种物理单元，用户可以根据仿真对象的构成选取其中的物理单元，方便地建立起系统的物理模型。物理模型可以用三维动画方式表现出来。

一个动画演示的仿真模型可以给人留下深刻的印象，甚至可以吸引管理者的注意力，并影响他们的思考方式。仿真中显示的动画提供了视觉辅助效果，演示最终的系统将如何运行。

该软件提供了原始数据拟合、输入建模、图形化的模型构建、虚拟现实显示、运行模型进行仿真实验、对结果进行优化和生成 3D 动画影像文件等功能，也提供了与其他工具软件的接口。图 3.1 是 Flexsim 软件功能结构图。

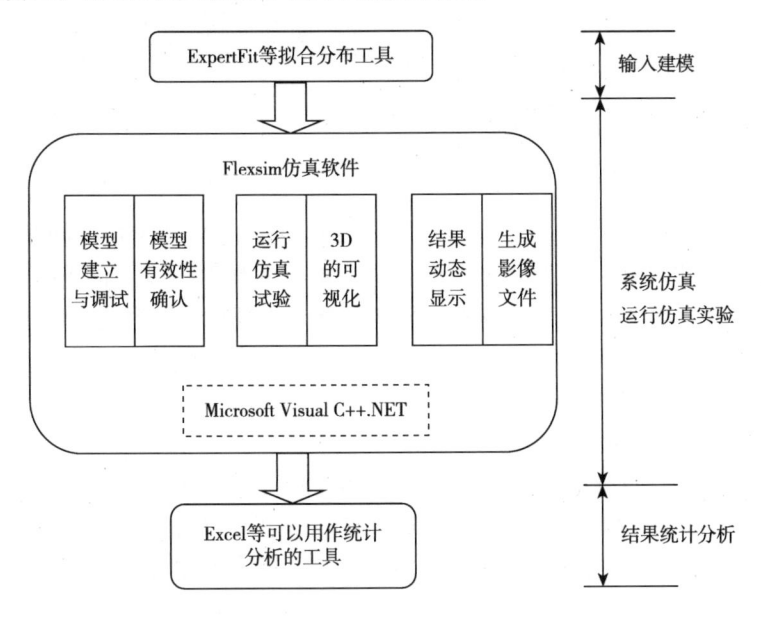

图 3.1　Flexsim 软件功能结构图

Flexsim 提供了仿真模型、ExpertFit 和 Excel 的接口，用户可以通过 ExpertFit 对输入数据进行分布拟合，同时可以在 Excel 中方便地实现和仿真模型之间的数据交换，包括输出和运行模型过程中动态修改运行参数等。另外，该软件还提供了优化模块 Optquest，增加了帮助迅速建模的 Microsoft Visio 的接口。

Flexsim 仿真软件的特点主要体现在采用面向对象技术，突出 3D 显示效果，建模和调试简单、开放、方便，模型的扩展性强，以及易于和其他软件配合使用等方面。

（1）基于面向对象技术建模。Flexsim 中所有用来建立模型的资源都是对象，包括模型、表格、记录、图形用户界面等。同时，用户可以根据自己行业和领域特点，扩展对象，构建自己的对象库。面向对象的建模技术使得 Flexsim 的建模过程生产线化，对象可以重复利用，从而减少了建模人员的重复劳动。

（2）突出的 3D 图形显示功能。Flexsim 支持 OpenGL 技术，也支持 3ds、wrl、dxf 和 stl 等文件格式。因此，用户可以建立逼真的模型，从而可以对模型有一个直观的认识，并验证模型。用户可以在仿真环境下很容易地操控 3D 模型，从不同角度放大或缩小来观测。

（3）建模和调试的方便性。建模过程中用户只需要从模型库中拖入已有的模型，根据模型的逻辑关系进行连接，就可以设定不同对象的属性。建模的工作简单快捷，不需要编写程序。

（4）建模的扩展性强。Flexsim 支持建立用户定制对象，融合了 C++编程。用户完全可以将其当作一个 C++的开发平台来开发一定的仿真应用程序。

（5）良好的开放性。Flexsim 提供了与外部软件的接口，可以通过开放数据库连接（open database connectivity，ODBC）与外部数据库相连，通过 Socket 接口与外部硬件设备相连，与 Excel、Visio 等软件配合使用。

3.2 Flexsim 的功能

前面针对 Flexsim 软件进行了介绍，下面归纳 Flexsim 能够解决的问题。

（1）服务问题。客户至上是当今商家最为重要的准则，但是企业的运作还必须考虑成本。满足客户服务和降低服务成本这两个相互矛盾的目标往往使人们无所适从。为了寻求最佳的解决方案，可以考虑运用系统仿真技术。通过系统仿真建立客户服务模型，然后为系统制定各种不同的服务水平指标和成本指标，运用仿真模型比较不同指标的输出，从中找到最佳方案。

（2）制造问题。制造过程最为关注的是，要在恰当的时间制造出恰当的产品，同时又要力求成本最低。这两个目标之间同样是相互矛盾的。为了解决这一难题，也可以运用系统仿真的办法，通过建立制造系统的模型，运行不同参数下的各种系统方案，进行比较。

（3）物流问题。现代物流要求在适当的时间把适当的产品送至适当的地点，同时尽可能地降低运送成本，这也是一个复杂的多目标系统问题，需要通过系统仿真来分析解决。

（4）其他问题。系统仿真不仅可以解决制造领域、物流领域内传统系统的仿真分析问题，同时还可以解决除此以外的其他系统问题。归结起来，系统仿真的对象有三大类型，即排队系统、库存系统和网络系统。凡是归属于这三类系统的，都可以通过建模、仿真来进行分析。

从上述应用可以看出，Flexsim 所研究的对象是复杂的多目标系统。Flexsim 将众多目标的不同参数组合的运行结果输出后，供分析者分析比较，选取较优的参数组合。由于 Flexsim 提供逼真的图形动画显示和完整的运作绩效报告，并通过模型运行给分析者提供各种方案的大量反馈信息，所以分析者可以在较短的时间内对方案的优劣进行比较，同时对预选的各种方案进行评估。

上述问题中，使用 Flexsim 可以达到的效果如下。

- ◇ 提高资源（设备资源、人力资源、资金资源）的利用率
- ◇ 减少等待时间和排队长度
- ◇ 有效分配资源
- ◇ 消除缺货问题
- ◇ 把故障的负面影响减至最低
- ◇ 把废弃物的负面影响减至最低
- ◇ 研究可替换的投资理念

- 减少零件经过的时间
- 研究降低成本计划
- 建立最优批量和工件排序
- 解决物料发送问题
- 研究设备预置时间和改换工具的影响
- 优化货物和服务的优先次序与分派逻辑
- 在系统全部行为和相关作业中训练操作人员
- 展示新的工具设计和性能
- 管理日常运作决策

3.3　Flexsim 的应用场合

3.3.1　配送中心的拣选仿真

通常，配送中心的仓库除了整箱（托盘）存放物品的大型立体化仓库外，还有拣选仓库。拣选仓库是将整箱（托盘）的物品拆散，放入仓库中，以备在给客户出货时，按照订单需要拣选零散需求物品的仓库。拣选方式有播种式和采摘式两种。为了模拟拣选过程，可以建立拣选库模型，通过运行其模型，对拣选流程进行模拟分析，从而掌握拣选的统计数据或优化拣选的流程。配送中心拣选仿真如图 3.2 所示。

图 3.2　配送中心拣选仿真

3.3.2 仓储系统出/入库仿真

仓储系统仿真可以对仓储系统的布局规划、仓储设备的调度和仓储流程的优化等进行模拟分析，为优化方案提供参考。仓储系统出/入库仿真如图3.3所示。

图3.3 仓储系统出/入库仿真

3.3.3 产品库分拣仿真

企业产品库进行发货时，需要根据发货的去向进行分拣。复杂多路的分拣系统往往需要优化其通道数量和通道分配，才能实现最佳的分拣效率。建立分拣的系统模型，模拟分拣的过程，可以达到优化的效果。

3.3.4 供应链仿真

设计较优的供应链，为供应链制定合理的运行策略，是供应链管理的重要内容。通过建立供应链模型，可以根据需要对其系统的相关参数进行模拟分析，并提供优化的帮助。

3.3.5 集装箱码头仿真

集装箱码头运行的效率直接影响码头的竞争力。例如，如何合理配置码头的设备（桥吊、场吊、堆场、拖车、操作人员、管理人员等）；如何合理地调度集装箱的码放，提高码放的效率，减少倒箱的次数；如何合理调度场内的拖车，使拖车运行的路径最合理，提高装卸效率；如何合理设计装卸船时的配载；等等。这些都是集装箱码头操作过程中极为重要的、被关注的问题。通过建立和运行集装箱码头的仿真模型，并进行分析和优化，能够解决实际生产中存在的问题。集装箱码头仿真如图3.4所示。

图 3.4　集装箱码头仿真

3.3.6　生产物流仿真

在制造企业中，为生产制造供应物料的过程称为生产物流。随着生产节奏的加快，产品的多样化、小批量、多品种的趋势日益增大，也对生产物流提出了更高的实时性和准确性的要求。如何改进生产物流，使之满足生产的需要，保证在提高效率、保障供给的同时，还能降低成本，是生产物流追求的目标。用仿真建模的方法，辅助分析生产物流过程，对改进流程、消除瓶颈、提高物流水平有明显的效果。生产物流仿真如图 3.5 所示。

图 3.5　生产物流仿真

3.3.7 机场仿真

机场仿真可以有不同的目标。例如，对机场的通关进行仿真模拟，了解和解决通关过程的瓶颈，进行相应改善；对机场顾客货物的运输过程进行仿真模拟，保证运输快捷和准确；对机场的设备调度进行仿真模拟，保证最佳的调度方案，提高设备的运行效率；对机场跑道的调配进行仿真模拟，辅助调度人员更加合理地调用机场跑道等。目前这些方面的仿真都有应用的案例。

第 4 章　Flexsim 术语及其实体库

4.1　Flexsim 的术语

4.1.1　临时实体

临时实体是穿过整个模型的简单实体。它们可以代表现实中的实体，也可以代表更加抽象的概念。

模型中产生的临时实体实际上是复制的临时实体箱中的实体。

4.1.2　端口

每个 Flexsim 实体可以有无限数量的端口，通过它们与其他对象通信。三种类型的端口，即输入端口、输出端口和中间端口。

输入和输出端口用于定义临时实体的流动路径。例如，邮件分拣员根据包裹的目的地，把它们放到不同的传送带上。要在 Flexsim 中模拟这个过程，需要把处理器实体的输出端口连接到几个输送机的输入端口，这意味着一旦处理器（或邮件分拣员）处理完包裹，就通过其中一个输出端口把它放到下游的一条传送带上。

中间端口用于创建从一个实体到另一个实体的引用。中间端口最常见的用法是在固定资源实体（机器、暂存区或者传送带等）上引用运输工具（如操作员、叉车和起重机等）。

1. 创建和连接端口

创建和连接端口的方式有两种。

（1）点击一个实体并拖动到另一个实体，这个过程中按住键盘上的不同字母。如果按住的是字母 A，那么在第一个实体上就会创建一个输出端口，在第二个实体上就会创建一个输入端口，这两个新端口自动连接在一起。如果在这个过程中按住的是 S 键，那么就会在两个实体上分别创建一个中间端口，并且它们会自动连接。撤销输入-输出端口连接的方式是按下 Q 键,而撤销中间端口连接的方式是按下 W 键。表 4.1 显示的是用于创建和删除两种连接的字母键。

表 4.1　端口连接

模式	输入/输出	中间
断开	Q	W
连接	A	S

(2)点击 A 键,进入连接模型。一旦进入连接模式,就可以通过两种方式连接实体。可以点击一个实体,然后点击另外一个实体,也可以点击一个实体并拖拽到下一个实体。不管采用哪种方式,临时实体的流动都是由连接方向决定的。临时实体会从第一个实体流动到第二个实体。此外,点击 Q 键,然后按照连接方向,从第一个实体拖拽到第二个实体,即可断开连接。断开中间端口连接时不受连接方向的影响。订单事件结构图如图 4.1 所示。

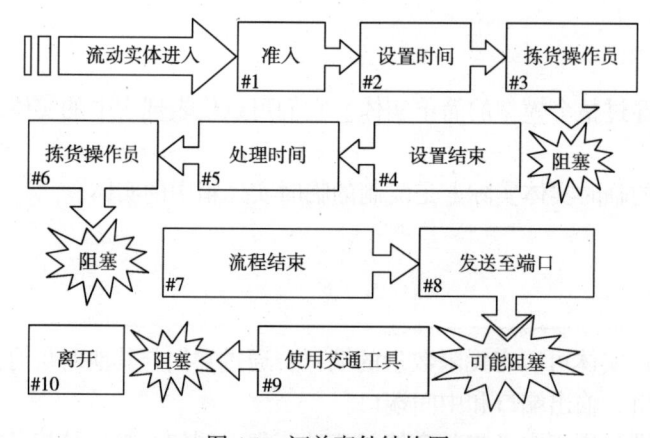

图 4.1　订单事件结构图

当流动实体在模型中运行时,它们会出入固定资源实体,每个流动实体都根据上述相似路径来运行,路径是为处理器实体设计的。

2. 实例

流动实体进入处理器,每个触发器和代码编辑器都在处理器属性窗口的位置。有些触发器和代码编辑器能在快捷属性中找到,如图 4.2 所示。

步骤一:准入。

准入触发启动时,流动实体已被移入处理器实体中,所以处理器的容量增加了一个实体,可以添加编码,到准入触发器中自定义流动实体进入时会发生的情况。

步骤二:设置时间。

编码的下一段是触发设置时间,参数选用表中有定义模型时间单位的数字选项,时间单位用于在处理器中设置流动实体。

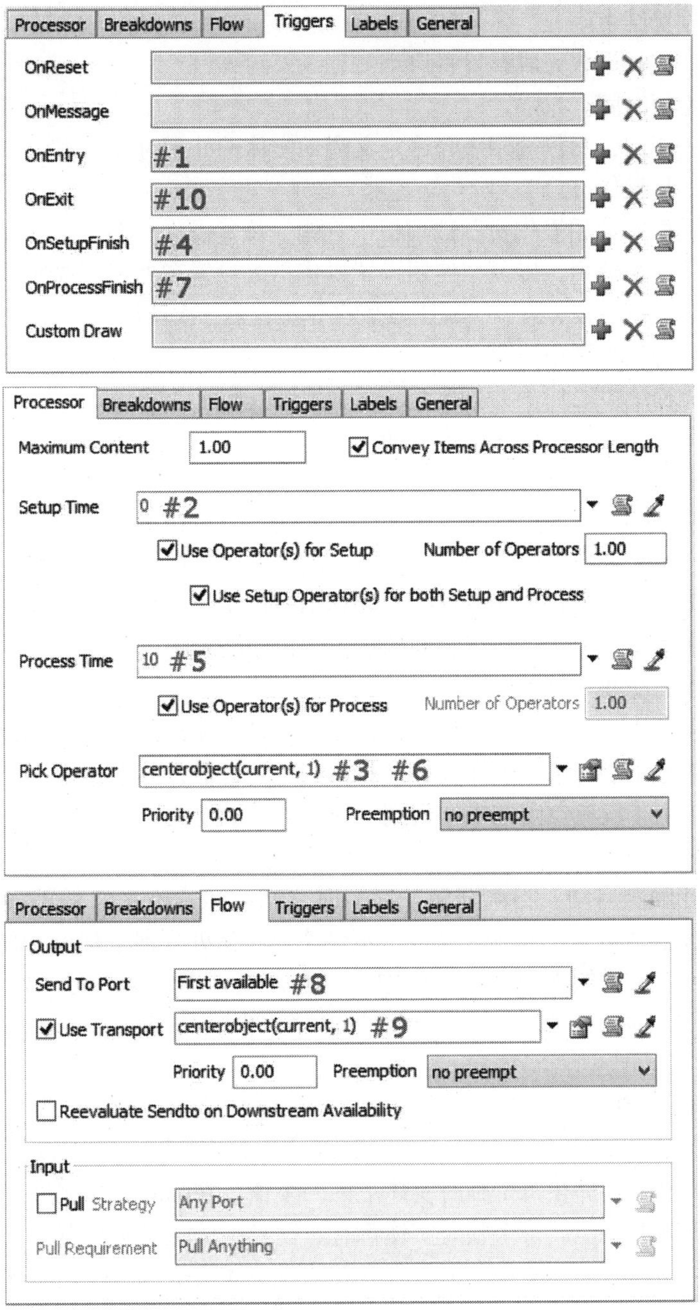

第 4 章　Flexsim 术语及其实体库

图 4.2　处理器设置

步骤三：拣货操作员。

如果在"使用操作员"设置选项框中打钩，拣货操作员代码就会被触发并调用一个任务执行器实体。调用操作员之后会出现延迟，原因是操作员必须从当前位置移动到处理器。如果操作员在拣货操作员编码被触发时都处于忙碌状态，就会出现较长时间的延误。

步骤四：设置结束。

一旦设置完成，设置完成触发将启动。

步骤五：处理时间。

与设置时间相似，参数选用表允许定义流动实体的处理时间。

步骤六：拣货操作员。

如果在"流程中使用操作员"选项框中打钩，拣货操作员将会被触发。如果操作员在设置和处理中都被使用，以及"使用设置操作员来设置和处理"选项框未勾选，此时参数选用表就会二次触发，第一次调用设置操作员，第二次调用一位处理操作员。否则，这个参数选用表将只被调用一次。

步骤七：流程结束。

一旦设置完成，流程结束触发将启动。

步骤八：发送至端口。

此时流动实体待离开处理器或者固定资源实体。"发送至端口"将被触发并尝试为流动实体寻找目标。如果实体无法找到合适的流动实体目标，可能会产生延误。这种情况一般发生在下游实体饱和，无合适的空间容纳流动实体的情况下。同时也可能由于下游的固定资源实体停止工作，或者它们的输入端口已经关闭。

步骤九：使用交通工具。

如果在"使用交通工具"选项框中打钩了，一旦"发送至端口"找到目标，"使用交通工具"参数选项表将触发调用任务执行器到达处理器，并把实体从处理器上传送到目的地。同样，由于没有空闲的操作员到达处理器，触发调用可能会发生延迟。

步骤十：离开。

最后，离开触发启动。当离开触发启动时，流动实体还并未离开处理器，所以处理器的容量未发生改变。一旦触发完成，流动实体将从处理器中移出（减少一个容量）到任务执行器或者下游的固定资源实体中。当实体离开固定资源时，如果需要执行编码，请在实体移出后立即触发，用延迟时间 0 来调用 senddelayedmessage（）。

4.1.3 临时实体类型

临时实体类型是存储在每个临时实体上的一个值。在临时实体穿过模型的过程中，可随时访问或者修改此值。每个临时实体都有自己唯一的临时实体类型，意思是如果改变一个临时实体的临时实体类型，那么只有此临时实体的值被修改，而其他临时实体的类型不变。临时实体类型的含义完全取决于建模者。通常，它是用于描述产品类型或种类的值。

临时实体类型示例以邮局为例。客户去邮局邮寄包裹或者是复印。在这个模型中，临时实体（客户）分为两种，一种是邮寄包裹的客户，一种是复印的客户。可以使用临时实体类型区分这两种。例如，需要邮寄包裹的客户类型是 1，需要复印的客户类型是 2。在 Flexsim 中，用户经常在发生器中创建临时实体，设置它们的类型。在此例中，假如有 60%的客户为"包裹"客户，40%为"复印"客户。为了实现此操作，我们需要进入发生器的离开触发器的代码编辑窗口,并添加以下代码:setitemtype(item, bernoulli(60, 1, 2)),代码视图如图4.3所示。

```
Source 1 - OnExit*
1 treenode item = parnode(1);
2 treenode current = ownerobject(c);
3 int port = parval(2);
4
5 setitemtype(item, bernoulli(60, 1, 2));
```

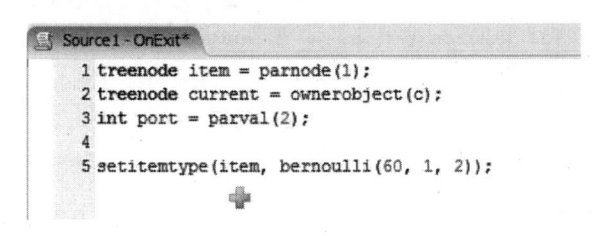

图4.3 代码视图(一)

关于访问标签或临时实体类型的注释:了解标签和临时实体类型的载体(实体)是非常重要的。例如,在上文的案例中,我们使用了命令 getlabelnum(item, "nrofcopies")。而没有使用 getlabelnum(current, "nrofcopies")。我们使用item,而没有使用current的原因是标签储存在临时实体上,而不是实体上。如果在临时实体箱中向临时实体添加一个标签,那么getlabelnum命令将引用item。另外,如果在实体上设置一个标签(通过属性窗口将标签添加到实体),那么getlabelnum命令就可以访问。

另外,点击离开触发器旁边的按钮,可以看到用于设置临时实体类型的下拉选项。此命令随机将60%的临时实体的类型设置为1,40%设置为类型2。setitemtype用于设置实体的类型。它包含两个参数,第一个是要设置临时实体类型的临时实体,第二个是类型。在此例中,第一个参数是 item,也就是当前将要离开发生器的临时实体,因为我们是在离开触发器中编写代码(下文中将会详细描述 item)。

setitemtype 的第二个参数使用的是 bernoulli 命令。它包含三个参数并将返回其中一个可能性值。第一个参数是0~100的一个百分比,第二个和第三个参数是"成功"值和"失败"值,也就是将要返回的两个可能性值。此例中,60%的时间,bernoulli 命令将返回1(第二个参数),40%的时间将返回 2(第三个参数)。因为 bernoulli 是 setitemtype 的第二个参数使用的命令,所以临时实体类型返回的是 bernoulli 命令返回的值:1或2。每当临时实体离开发生器时,离开触发器都将被触发。这意味着在仿真过程中,将会多次执行 setitemtype 命令,每次执行都会涉及一个具体的临时实体。将要离开发生器的实体将被分成 60%和 40%,分别赋予类型 1 和类型 2。因为 bernoulli 是一个随机命令,所以它不能一直保持准确的60/40比例。可能连续到达的几个客户,它们类型值均被设置为 1,反之亦然。但是,按总时间计算,比例将等于60/40。

一旦初始化了临时实体类型,就可以根据客户的临时实体类型,执行模型中的逻辑。在此例中"包裹"客户可能需要 3 分钟的服务,而"复印"用户可能需要 5 分钟的服务。在Flexsim中,如果要执行不同的加工时间,就需要在处理器的加工时间模块中编写代码。代码视图如图4.4所示。

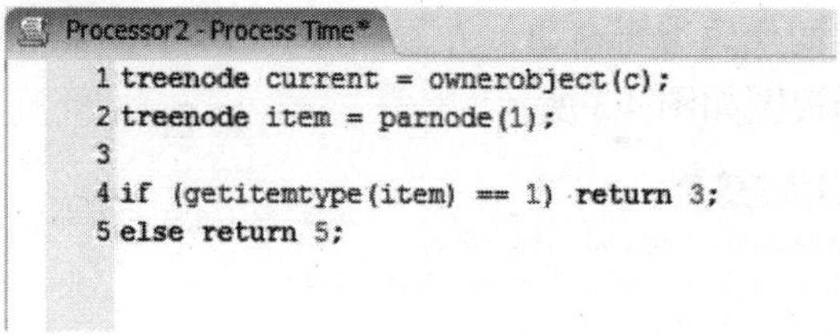

```
1 treenode current = ownerobject(c);
2 treenode item = parnode(1);
3
4 if (getitemtype(item) == 1) return 3;
5 else return 5;
```

图 4.4　代码视图（二）

代码的基本意思：如果当前客户的类型（getitemtype（item））等于 1（"包裹"用户），那么加工时间为 3，否则加工时间为 5。

另外，可以不编写代码，通过 Flexsim 下拉列表定义逻辑，就可以完成这个示例，然而，这里要理解的重要概念是每个临时实体都拥有自己的类型，它的含义取决于用户，用户可以通过这些类型在模型中做决策。

Flexsim 实体注释：模型中的每个临时实体都有类型。但是，Flexsim 实体却没有临时实体类型，如发生器、暂存区和处理器。

临时实体类型注释：临时实体类型是一个双精度浮点值，意思是临时实体类型不但能够拥有整数值，如 1、2、3 等，也可以包括浮点值，如 1.5 或者 99.9，但是，它不能包含字符串，如 package。

临时实体外形的注释：临时实体类型不能定义临时实体的外形，用户可以通过在发生器属性窗口中的临时实体种类来设置临时实体的外形，如箱子、物料箱和托盘等。

4.1.4　标签

1. 标签介绍

使用 Flexsim 建模时，标签也是一个重要概念。与临时实体类型类似，实体上的标签也用于储存数据。它们的区别如下。

（1）建模人员定义每一个标签的名称。

（2）与临时实体类型不同，临时实体类型专用于临时实体，而标签既可在临时实体上定义，也可以在实体上定义，如发生器、暂存区及处理器等。

（3）用户可以在一个实体上定义多个标签。

（4）标签存储的数据可以是一个数值，也可以是字符串；而临时实体类型仅能包含数值数据。标签甚至可以存储一个表格。

（5）用户必须通过属性框将标签添加到实体上，而临时实体类型则会自动包含在每个临时实体上。

（6）在临时实体箱中向临时实体添加标签时，标签只会应用于那个类型的临时实体。例如，如果在托盘上添加了一个标签，那么只有创建托盘时，才会出现那个标签。

2. 值

对于 Flowitems，指定的标签值将会成为所有临时实体的默认值，在它们穿过模型的过程中，可以对单个临时实体的标签值进行修改。对于 Flexsim 实体的标签，标签值将保持不变，除非实体中有修改标签值的逻辑。

标签值自己不会自动重置，除非选中标签选项卡上的"自动重置标签"按钮。或者，可以在实体的重置触发器中添加用于重置标签值的代码。重置模型时，两种方式都可以将标签值返回到它的初始值。

3. 标签示例

若要给临时实体添加标签，就要先打开临时实体箱，选择发生器要创建的临时实体类型，并点击属性按钮。打开标签选项卡，可以添加字符串或数值标签。

整个过程与其他 Flexsim 对象的设置过程类似。用户可以通过快捷属性窗口编辑标签，或者双击打开实体的属性框，在标签选项卡上设置。在行表头列中设置每个标签的名字，在名字的右侧设置标签值。

我们将上文讲到的案例模型扩展到标签应用。例如，每位来到邮局的"复印"客户均需要复制特定数量的材料，客户的服务时间依赖于需要复制的数量。要复印 1 000 份资料的客户所需要的服务时间比需要复印 1 份材料的客户所需要的服务时间长。上文提到，客户的类型代表他是"包裹"客户还是"复印"客户，现在针对"复印"客户，我们需要添加一个标签，标签表示其需要复印的份数。再次在临时实体箱中添加标签，方法是选择一个临时实体类型，点击属性，打开标签选项卡，在这里，添加一个数值标签，命名为"nrofcopies"（复印份数），保持默认值 0，在发生器的离开触发器中设置这个标签的值。

在临时实体箱中添加了标签之后，我们可在临时实体离开发生器时设置它的标签值。此例中的"复印"客户需要复印的材料数为 1~1 000 的随机值。要设置这样的标签值，需要将发生器的离开触发器设置为

setitemtype（item，bernoulli（60，1，2））；

if（getitemtype（item）==2）

setlabelnum（item，"nrofcopies"，duniform（1，1000））；

如上文所描述，setitemtype 命令按照 60/40 的比例将临时实体的类型设置为 1 和 2。现在我们添加一个 if 语句，意思是如果当前临时实体的类型为 2（"复印"客户），那么将"nrofcopies"标签的值设置为 1~1 000 的随机值。setlabelnum 用于设置标签值，它包含三个参数。第一个参数是标签的载体（item）。第二个参数是标签名（"nrofcopies"）。此参数需要使用引号括起，因为它是字符串。第三个参数是设置的标签值（duniform（1，1 000））。duniform 返回一个离散均匀分布的值。它包括两个参数，即最小值和最大值，并且返回这两个值之间的一个随机值。均匀分布的意思是在最小值和最大值之间，返回每个值的概率相同。duniform 意思是此命令将返回 1、2、3，而 uniform（ ）则可能返回诸如 1.5 或者 2.5 这样的数值。因为永远不会出现需要复印 1.5 份的客户，所以我们使用 duniform（ ）命令。需要说明的是，在临时实体箱中添加"nrofcopies"标签之后，创建的所有临时实体都拥有"nrofcopies"标签，甚至"包裹"用户也会有，但是，我们的逻辑不涉及"包裹"客户，所以也就没设置它的标签值。

现在我们已经设置了标签及其初始值，可以根据标签值定义逻辑，以便做出决策。例如，我们可以根据客户需要复印的份数，定义服务时间。对于每位复印客户，服务时间以 5 分钟为起点，每增加 1 份需要增加 5 秒。要实现这个步骤，需要再次打开处理器的加工时间，将逻辑关系修改为

　　if（getitemtype（item）==1）
　　　return 3;
　　else return 5 +（getlabelnum（item，"nrofcopies"）*（5.0/60.0））;

正如上文，我们使用一个 if 语句，给类型为 1（"包裹"客户）的临时实体定义 3 分钟的服务时间。其他（"复印"客户）返回表达式：

5 +（getlabelnum（item，"nrofcopies"）*（5.0/60.0））

意思是 5 分钟的基本服务时间加上客户需要的复印数（getlabelnum（item，"nrofcopies"））与 5 秒（5.0/60.0）相乘的结果。请记住，我们已经将模型的时间单位设置为分钟，所以如果一个 Flexsim 时间单位等于一分钟，那么 5 秒等于 5/60 分钟。在上面的示例中，使用了 5.0/60.0 表达式，而没有使用 5/60。区别这两个公式是非常重要的，因为在 C++ 中，它们的意义不同。5/60，C++ 视其整数 5 除以整数 60。所以，一个整数除以一个整数必须得出一个整数或者 0。但是，对于 5.0/60.0，C++ 将其视为两个浮点值相除，所以结果是从 0 至 1 的分数。另外，Flexsim 脚本与 C++ 有所不同，它实际上是将 5/60 译为两个浮点值相除，意思是说在 Flexsim 脚本语言中，使用 5/60 也是可以的。然而，Flexsim 脚本背离 C++ 属于极少数的情况，我们鼓励用户编写 Flexsim 脚本与 C++ 都能识别的代码，所以正确的表达式为 5.0/60.0。

和临时实体类型一样，我们可以使用标签在临时实体或实体上储存数据，然后访问数据，以便在模型中做出决策。

4.1.5　Item 和 Current

item 和 current 是用于访问 Flexsim 实体的两个变量。当编辑给定区域的代码时，总能看到在代码的顶部有一条或者多条"标题"语句。这些语句设置了可访问的变量，类似于：

treenode item = parnode（1）;
treenode current = ownerobject（c）;
int port = parval（2）;

1. 关于 Item 和 Current 的详细描述

在这个例子中，第一个语句是变量的定义。例如，第二行定义的变量为 current。current 的变量类型是 treenode（树节点）。这种变量类型指向 Flexsim 树结构中的实体。在此不对其作详细介绍，简言之，Flexsim 中的所有数据，包括实体和临时实体都以节点的形式保存在树结构中，并且树节点变量类型仅是树结构中一个节点（或者实体）的引用。

示例代码中的第一条语句定义了名为 item 的树节点变量，它的值为 parnode（1）。

为了不偏离主题，在此也不对 parnode 命令进行详细讲述，但是需要说明的是，item 总是指向与代码或触发器的执行相关联的临时实体。例如，如果正在执行发生器的离开触发器，那么每次离开触发器被触发时，item 将总是指向那个特定时间离开发生器的临时实体。注意，每次执行离开触发器时，item 引用都将发生变化，因为一个新的临时实体将要离开，然而，current 将一直保持不变，因为发生器实体不发生改变。

第二条语句将名为 current 的变量值设置为 ownerobject（c）。目前不对 ownerobject（c）的意思详加解释。这里的重点是拥有一个名为 current 的树节点变量，并且它总是指向正在编辑逻辑关系的当前实体。如果打开发生器的属性框，编辑离开触发器，那么在它的代码窗口中的 current 就是指那个发生器。另外，如果打开处理器的属性窗口及其加工时间的代码窗口，那么这里的 current 指的则是这个处理器。

所以，这些表头语句设置的是在代码区域中可访问的变量。可以在编写命令时使用 item：

setitemtype（item，Bernoulli（60，1，2））；

或

if（getitemtype（item）==2）

因为此处有个指向临时实体的引用，这个引用的名字为 item。

通常，上文提到的标题语句会因为代码窗口的不同而不同。例如，离开触发器的标题语句如下。

treenode current = ownerobject（c）；

treenode item = parnode（1）；

int port = parval（2）；

这里有一个名为 port 的整数变量。在此例中，端口是临时实体离开的输出端口号。又如，一个重置触发器的标题语句如下。

treenode current = ownerobject（c）；

这里只有一个标题变量，名为 current。没有定义 item，原因是执行重置触发器时不涉及临时实体。

2. 复习

现在复习一下，在 Flexsim 的代码窗口中，经常可以访问名为 current 和 item 的变量。current 总是指向当前实体，而 item 总是指向与特定代码的执行相关联的临时实体。例如，将要离开发生器的临时实体。基于不同类型的代码窗口，访问变量有所不同，但是通过查看窗口顶部的标题语句或者参考用户手册，总能找到访问变量。

4.1.6 返回值

在 Flexsim 模型中，实体的行为与设置的实体逻辑有着紧密的联系，原因是实体（处理器、发生器等）通常需要访问这些逻辑数据来决定它们应该如何操作。例如，处理器执行加工时间中的逻辑是因为它要了解需要多长时间加工某个特定的临时实体。通过代码的返回值或者代码中的返回语句，可将正确的信息传递给处理器。

我们在上文的邮局案例中，执行的加工时间代码为

if（getitemtype（item）==1）
return 3;
else return 5+（getlabelnum（item, "nrofcopies"）*（5.0/60.0））;

处理器每次接收到临时实体，执行加工时间之前，就会执行这段代码。通过执行加工时间的相关代码，确定对临时实体的加工时间。在这段代码中，我们使用的 return 语句将正确的加工时间返回给处理器。所以，return 语句就是将数据返回给实体，它需要按照返回值进行操作。

在很多地方不需要返回任何值。例如，在邮局模型中，发生器的离开触发器不包括任何返回语句，原因是发生器并不想通过离开触发器从建模者那里获取任何信息，它只是一个地点，用户在那里定义当临时实体离开时需要执行什么样的逻辑。

4.1.7 下拉列表

在 Flexsim 中有很多下拉列表窗口，它们是执行 Flexsim 函数的简单接口。在后台，每个窗口都对应一段代码。这些下拉列表接口的好处是，用户无须编写代码，就可以编写函数。点击下拉框时，会出现经常应用的函数列表。在此可以把文本替换成一个常量或表达式。下拉列表如图 4.5 所示。

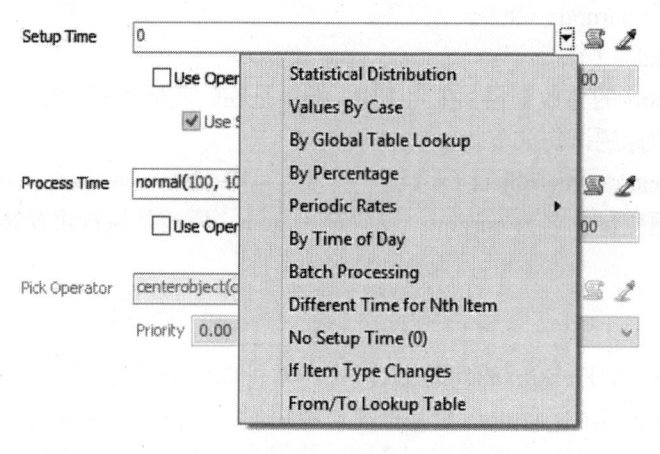

图 4.5　下拉列表

1. 弹出窗口

每个下拉列表选项都会弹出一个相关的用户界面。通过弹出的小窗口，可以轻松编辑选项的参数。用户可以随时点击按钮，编辑这些选项。一旦在弹出窗口中输入了值，点击其他地方就可以关闭窗口，如图 4.6 所示。

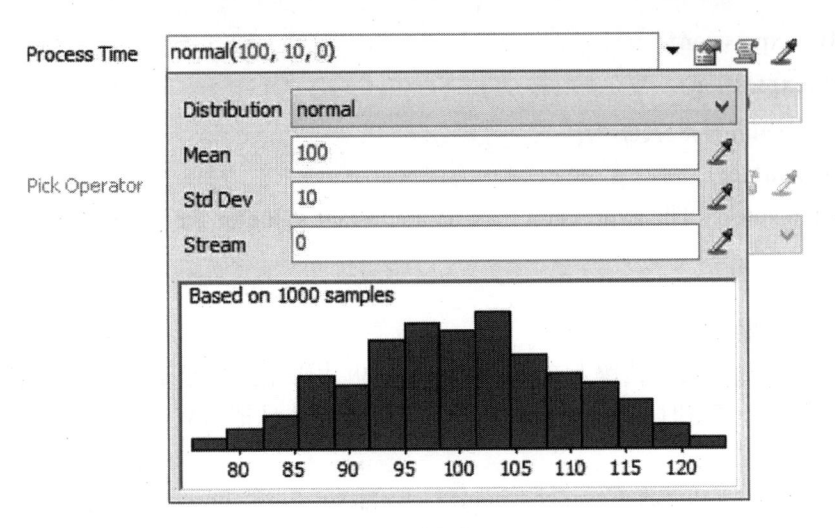

图 4.6 弹出窗口

2. 编辑代码

经验丰富的建模者可以随时根据需要，编写代码。通过点击代码编辑按钮，可以打开代码编辑窗口，在这里可以看到这个选项执行的所有代码，如图 4.7 所示。

图 4.7 代码编辑

要了解代码编辑器的所有信息，请查看代码编辑器页面。

4.1.8 模板代码

在代码编辑区，可能会发现看起来比较奇怪的灰色文本。例如，可能看到以下代码。

/**By Expression*/
/** \nExpression： */
double value = //10/**/;**
return value;
/** \n\nNote： The expression may be a constant value or the result of a command 、（getitemtype（），

getlabelnum（），etc）.*/

这些为模板代码。就像上文中提到的，模板代码主要用于下拉列表选项的弹出窗口。当点击 ![] 按钮时，Flexsim 就会指向模板代码并且把参数显示在弹出窗口的正确位置。

/***popup：ValuesByCase：hasitem=1：valuestr=Port：doreturn=1*/
这个模板代码是打开弹出小窗口的一种指示说明。
int case_val = /***tag：ValueFunc*//**/getitemtype（item）/**/；

当弹出小窗口时，就会指向/***tag：TagName*//**/Value/**/格式的脚本，把 Value 放到小窗口的适当位置。当关闭小窗口时，它里面的参数值会替换掉后台代码中的 Value。它的代码视图如图 4.8 所示。

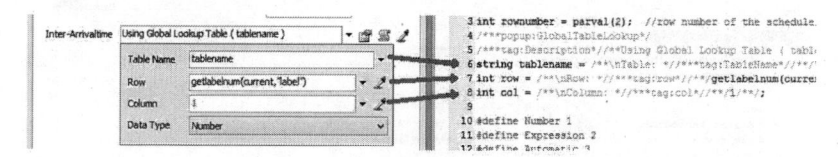

图 4.8　代码视图（三）

模板文本弹出窗口如图 4.9 所示。

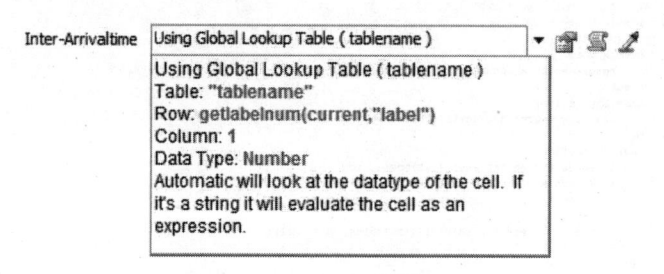

图 4.9　模板文本弹出窗口

如果不存在标准的弹出小窗口，或者如果用户自定义了模板代码，那么 Flexsim 将显示一个模板文本弹出窗口。本段上面的弹出窗口和上文中的弹出窗口，编辑的值相同。模板文本由黑色和蓝色文本组成。蓝色文字是可编辑文本，就像是编辑常规弹出窗口中的内容。在代码中，若要指定黑色的固定文本，则要使用多行注释，但是要使用一个额外的/**标识。通过添加星号，来告诉 Flexsim 代码转换器，这是一段用户查看模板文本时，显示的固定黑色文本。在这一节开始时，显示了/**By Expression*/，所以在模板下

拉列表中显示了黑色文本的"ByExpression"。

在 Flexscript 中，可以"注释掉"一部分文本，这样 Flexscript 解析器就不把那部分文本看做代码的一部分。使用这种方法，用户可以添加描述性文本，解释代码的用途。注释的方式有两种，第一种是使用两个//符号进行整行注释；第二种是多行注释，用/*标出注释开始位置，并使用*/标识注释结束。

现在，解释下蓝色可编辑文本。使用蓝色可编辑文本，用户输入的数据就会成为实际执行代码的一部分。要设置蓝色文本，先进入多行注释，之后会立刻跳出来：/**/。输入蓝色文本之后，再使用/**/标识来结束。因此，在上面的代码中，当代码文本呈现以下形式时，就说明可以对 10 进行修改。

double value = /**/10/**/;

因为这些是注释，所以 Flexsim 脚本剖析器只读到 double value=10；但是这样做的优势是通过点击按钮和编辑蓝色文本，可以快速将 10 修改为其他值。

注释也会偶尔包含一个\n 标识。使用这个标识可在固定的黑色模板文本中新起一行。用户也可以直接在注释中添加新行，但是模板代码占用的空间一般是越小越好，这样可以更快地浏览代码。

4.1.9 模型树视图

Flexsim 模型树视图用于展开模型结构以得到实体的详细信息。点击工具栏上的按钮，就可以访问模型树视图。然后树窗口就会出现，并且快捷属性窗口就会显示出树导航和搜索界面，模型树设置如图 4.10 所示。

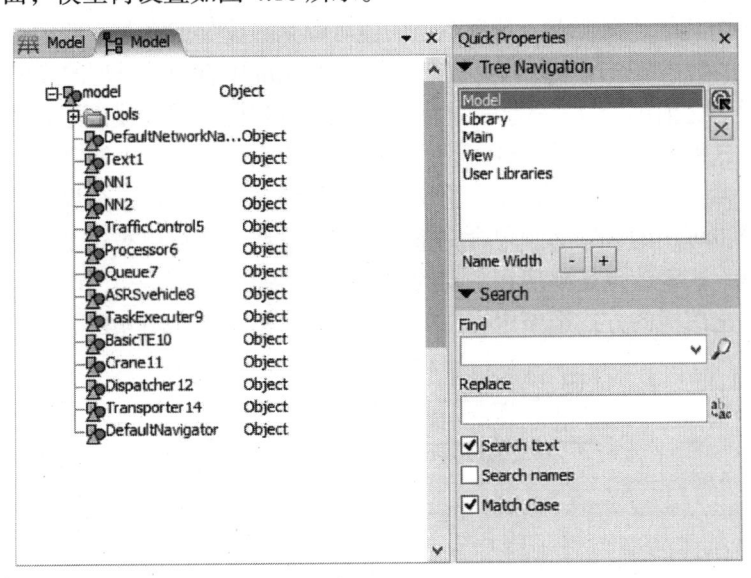

图 4.10 模型树设置（一）

注意：如果使用的是 Flexsim 试用版本，就不能使用模型的树视图。

在模型树视图中，可以进行很多特殊操作，具体如下。

- 使用 C++或 Flexscript，自定义 Flexsim 实体
- 查看实体的所有数据
- 访问属性窗口
- 编辑模型，删除实体和修改数据

如果遵循几个见到的导航规则，就会发现树视图是 Flexsim 里面功能最丰富的。Flexsim 所有的后台数据结构都包含在树里面。Flexsim 里面的众多编辑窗口显示的只是树中被过滤过的数据。因为 Flexsim 中所有树视图的作用方式相同，所以一旦理解了这种作用方式，就可以导航和理解所有可以访问的树视图。

4.1.10 关于树视图的基础知识

Flexsim 的设计初衷就是把所有数据和信息保存在树结构中。树结构是面向对象设计的核心结构。那些熟悉 C++ 面向对象编程的人将立即发现 Flexsim 树视图是符合 C++面向对象标准的数据管理工具。

理解树视图中用到的几个符号，有助于理解树结构。

整个 MAIN 树被看做一个工程。它包含了实体库和模型。VIEW 树包含了所有的视图，以及定义的图形用户界面和其他当前打开的窗口。当保存一个对话时，同时也保存了 MAIN 树和 VIEW 树。

文件夹图标指代的节点不包含任何的实体数据，但是可以包含其他文件夹或实体节点。实体节点用来指代树视图中的 Flexsim 实体。这种节点图标用来指定实体中的数据节点。数据节点中可以包含其他的数据节点，如果节点的左侧出现加号，那么说明它包含一个或多个其他数据节点。数据节点的值可以是数值型或者是字符串型。

某些特定的数据节点用来存储可执行代码。Flexsim 中有四种类型的代码节点：C++，必须在运行模型之前编译 C++代码；Flexscipt，这种代码可以在模型运行的过程中自动编译；DLL，这种节点指的是 Flexsim 可兼容的预编译的 DLL，要创建这种 DLL，需要使用特殊的 Visual C++工程，在用户论坛中，有这种可用的工程；全局 C++，这种 C++代码是全局范围可用的，它必须包含完整的函数，这些函数可以被这个节点的任意子节点访问，通常，这种节点是出现在主要的 Tool 文件夹下面的第一个节点。

用鼠标点击图标的方式选中树视图中的实体时，树视图如图 4.11 所示。

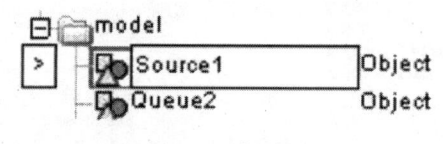

图 4.11 树视图

实体图标上会出现一个高亮框，左边会出现一个用于扩展树的图标。如果选中这个扩展图标，这个实体的数据节点就会显示出来，如图 4.12 所示。

第 4 章 Flexsim 术语及其实体库

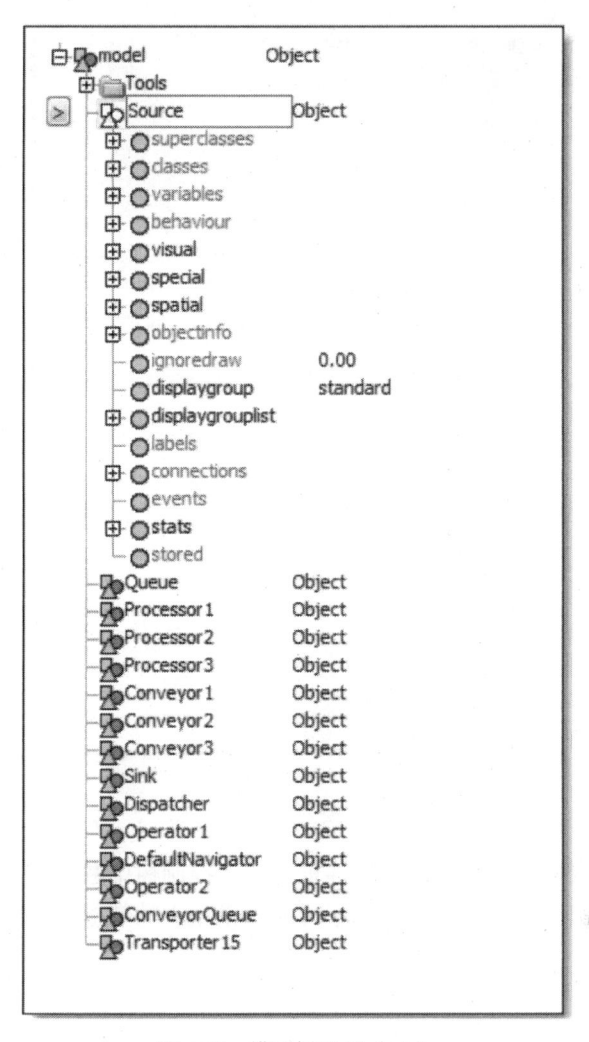

```
□□ model              Object
  ├□ Tools
  □□ Source            Object
    ├□ superclasses
    ├□ classes
    ├□ variables
    ├□ behaviour
    ├□ visual
    ├□ special
    ├□ spatial
    ├□ objectinfo
    ├─ ignoredraw        0.00
    ├─ displaygroup      standard
    ├□ displaygrouplist
    ├─ labels
    ├□ connections
    ├─ events
    ├□ stats
    └─ stored
  □ Queue              Object
  □ Processor1         Object
  □ Processor2         Object
  □ Processor3         Object
  □ Conveyor1          Object
  □ Conveyor2          Object
  □ Conveyor3          Object
  □ Sink               Object
  □ Dispatcher         Object
  □ Operator1          Object
  □ DefaultNavigator   Object
  □ Operator2          Object
  □ ConveyorQueue      Object
  □ Transporter15      Object
```

图 4.12　模型树设置（二）

随着实体和数据节点的扩展，树视图的大小会迅速超出树视图窗口的限制。这时，可以使用鼠标在窗口中移动树，使用鼠标滚轮或者旁边的滑动条可以上下移动树。

点击节点图标左边的加号，可以扩展数据节点。因为数据节点可以包含值或者文本，所以会看到节点右侧出现的文本信息或者数据值。

如果点击一个实体或数据节点，可能不可以移动树。点击视图中的空白地方，拖动鼠标就可以上下移动树。也可以使用鼠标滚轮、滑动条或者键盘上的 PageUp/PageDown 按钮，这样就可以上下移动树，如图 4.13 所示。

通过选择希望编辑的节点，可以直接编辑树中的数据。如果是数值数据节点，可以编辑这个区域的数值。如果是文本数据节点，会在窗口的右侧出现一个用来编辑文本的区域。

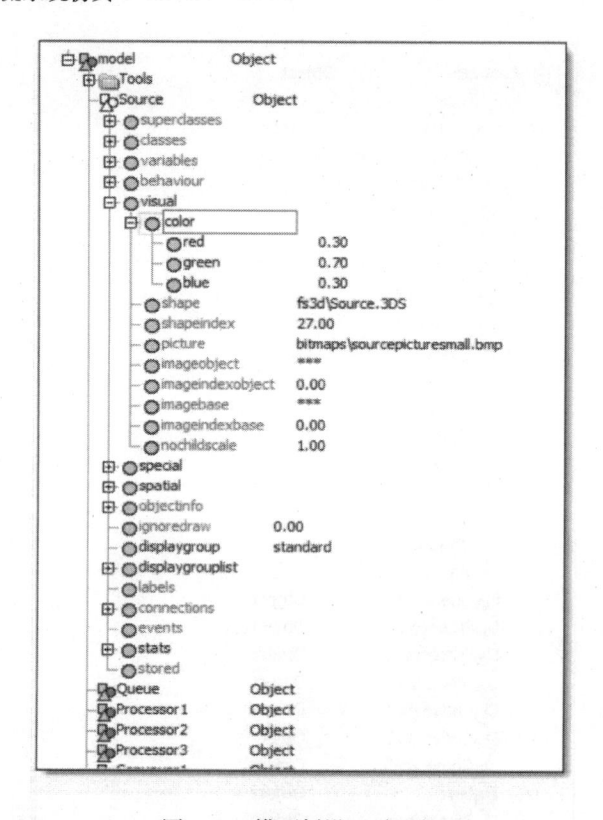

图 4.13　模型树设置（三）

树里面储存着模型的所有数据。属性框是用于控制树中数据的方式。可以在树中编辑模型，但是建议使用属性框，避免不小心删除模型中的数据。双击实体图标，可以打开实体的属性窗口。

4.2　Flexsim 实体库

4.2.1　固定资源类实体

1. 基本传送带

（1）概述。使用基本传送带，临时实体可以随时随地输入或输出，也可以根据用户定义的逻辑沿着传送带移动。

（2）详细说明。基本传送带与基本固定实体（basic fixed resources，BFR）、基本任务执行器（basic task executors，BTE）类似的地方在于用户可以使用它自定义传送带的行为；可以向它上面的每个临时实体分配和再分配运动学逻辑，用来定义临时实体沿着传送带移动的方式。

传送带默认具备收集行为。当一个临时实体追上另一个停止或者运行速度较慢的临时实体时，它将立刻放慢速度来适应前者的移动速度，所以临时实体将会沿着传送带进行堆积。一旦前面的临时实体移出，其他之前停止的临时实体就会意识到新的可用空间，就会重新开始进行移动。

临时实体进入传送带之后，不管是间接执行 receiveitem（）命令还是直接执行 moveobject（）命令，用户必须定义临时实体的运动逻辑，使临时实体能够沿着传送带移动。也就是说，只有正确设置输送逻辑，基本传送带才会工作。例如，定义如何接收和释放临时实体，当临时实体进入后应该位于传送带的什么位置，以及临时实体的发送目的地，等等。应该把这些逻辑放在传送带的重置、进入和离开触发器及决策点触发器中。临时实体的位置和移动逻辑被称为输送状态（convey state）。用户可以使用 bcsetitemconveystate（）命令设置 convey state。当临时实体处于传送带中时，可以随时设置或重置 convey state。

基本传送带同样具备双向输送临时实体的功能。但同一时刻，所有临时实体的输送方向必须一致。使用 bcsetdirection（）命令可以设置传送带运输方向。用户可以使用基本传送带中的决策点（decision points）选项卡定义更多的逻辑。这些触发点在传送带的同一方向的不同位置，主要用来更新临时实体的 convey state，释放或接收新临时实体，或执行用于定义传送带行为的其他逻辑。

2. BFR

（1）概述。BFR 被称为基本固定实体，自定义之后可添加到用户库中。它几乎把固定实体所有的可继承逻辑全部添加到下拉列表中，这样，用户库开发人员就能定义固定实体的所有功能。

（2）详细说明。BFR 属于固定资源类实体，用户可以定义重置、进入和离开消息触发器的逻辑，以及定义停止/恢复实体、拣取/放置偏移、通知欲载离临时实体—完成装载将离开、通知欲载达临时实体—完成卸载将移入等其他高级功能。

在进入、离开、重置及消息触发器中，需要用 receiveitem（）和 releaseitem（）命令定义接收和释放临时实体的逻辑。在加工临时实体时也可以使用其他命令，如 setstate（）、senddelayedmessage（）和命令列表中专用于固定实体的所有命令。这个实体是最灵活的一个固定实体，用户可以定义和执行所有的逻辑。

进入/离开触发器的其他参数：BFR 将另外两个参数也输入到了进入和离开触发器中。parval（3）传递变量 nroftransportsin 的当前值。参数 parval（4）传递变量 nroftransportsout 的当前值。

（3）属性选项卡：BFR 高级、临时实体流、触发器、标签、常规、统计。

3. 合成器

（1）概述。合成器用来把模型中的多个临时实体组合在一起。它可以将临时实体永久地合在一起，也可以将它们打包，在以后某个时间点上还可以拆分。合成器先从第一个输入端口接收一个临时实体，然后从其他输入端口接收临时实体。用户指定从输入端口 2 及更大序号的端口接收的临时实体的数量。只有当用户指定数量的临时实体全部到达后，才开始预置和加工操作。在预置、加工和维修期间，可以调用操作员。

（2）详细说明。合成器是处理器的一个子类，而处理器又是固定实体的一个子类。操作过程中，在其他临时实体到达之前，必须先从第一个输入端口接收一个临时实体。然后，根据组成列表收集一批临时实体。这个组成列表指定了每个批次分别要从每个输入端口（除了第一个端口外）接收的临时实体的数量。组成列表的第1行是从输入端口2接收的临时实体数量，第2行对应输入端口3，依次类推。当有新实体连接到合成器时，组成列表会自动更新。如果这时属性窗口处于打开的状态，那么就需要关闭它并再次双击合成器，修改才能生效。

合成器完成一个批次之后，就预置和处理时间，并根据逻辑，调用操作员进行预置和加工。

合成器有三种操作模式：打包、装箱与批处理。在打包模式下，合成器将从除了输入端口1之外的其他输入端口接收所有临时实体，并把它们全部移入从输入端口1接收的临时实体中，然后释放。在装箱模式下，除了从输入端口1接收到的那个临时实体，合成器将破坏掉其余所有的临时实体。在批处理模式下，当收集了一批临时实体并执行了预置和加工操作之后就马上释放。

合成器不使用"拉入策略"。合成器自己就可以处理该逻辑。

如果正在向合成器运输一个容器临时实体，那么在这个过程中，不能再运输其他临时实体到合成器中。如果容器临时实体已经到达，那么就可以把列表中的其他临时实体运输到合成器。

关于从输入端口1接收多个临时实体的注释。合成器一般会从输入端口1接收一个临时实体。如果采用装箱或批处理模式，可能需要从输入端口1接收多个临时实体。这里有两种办法：最简单的做法是将上游实体同时连接到合成器的输入端口1和2，然后在组成列表中的第一行中，输入一个比所需要收集的临时实体数少1的值，则合成器将从输入端口1接收1个临时实体，从输入端口2接收剩余数量的临时实体；如果这种方法不适用，可采取另一种方式，即给模型添加一个发生器，将其连接到合成器的输入端口1，把时间间隔设为0。

从同一上游实体接收多种类型的临时实体：如果有一个上游实体，它可容纳多种类型的临时实体，而用户需要在合成器的组成列表中分别接收不同类型的临时实体，则可以将上游实体的多个输出端口与合成器的多个输入端口连接。例如，合成器从上游的处理器接收类型分别为1和2的临时实体，需要收集4个类型1和6个类型2的临时实体，将其放到托盘上。要实现这个过程，首先将产生托盘的发生器连接到合成器的第一个输入端口。其次将处理器的输出端口1连接到合成器的输入端口2，输出端口2连接到合成器的输入端口3。将处理器的发送策略指定为按临时实体类型发送。在合成器组成列表中，在对应输入端口2的那一行输入4，对应输入端口3的那一行输入6。

（3）状态。空闲：合成器没有从输入端口1接收第一个临时实体。收集：合成器已经从输入端口1接收到了第一个临时实体，正在收集余下的临时实体。预置：合成器处于用户定义的预置时间内。处理：合成器处于用户定义的处理时间内。阻塞：合成器已释放临时实体，但是下游实体还没有准备好接收它们。等待操作员：合成器在等待操作员的到达，从而进行中断维修或是对某批次进行操作。等待叉车：合成器已释放一个临时实体，下游实体也准备好接收它，但是叉车还没拣取它。停机：合成器中断停机。

（4）属性选项卡：处理时间、故障、合成器、临时实体流、触发器、标签、常规、统计。

4. 传送带

（1）概述。使用传送带在模型中沿一条路径移动临时实体。通过创建传送带的不同节段定义路径。每个节段可以是直的，也可以是弯曲的。通过角度和半径定义传送带的弯曲程度。平直传送带使用长度进行定义，这样，传送带可以有很多弯曲的部分。传送带又分为堆积型和非堆积型。

（2）详细说明。传送带属于固定实体。它有两种模式：堆积模式与非堆积模式。在堆积模式下，它像滚轮传送带一样运行，即使它的末端发生阻塞，临时实体也可以在上面收集；在非堆积模式下，它像皮带传送带一样运作，如果发生阻塞，所有临时实体都会停下。

（3）接收/释放逻辑。当临时实体到达时，它的前端到达传送带的起始端，然后开始沿着传送带的方向移动。临时实体完全进入传送带后，它就可以再接收另一个产品。当临时实体的前端碰到传送带的末端时，就释放此临时实体。

传送带一次只接收一个临时实体，且一次只释放一个临时实体，意思是说，如果使用一个任务执行器将临时实体载入或载离，那么每次只能搬运一个临时实体到达或离开传送带。这一点很重要，尤其是想让多个操作员同时向传送带卸载临时实体。为了实现同时操作，需要在传送带的前面加一个暂存区，因为暂存区可以同时接收多个临时实体。

（4）速度限制。传送带不能进行加速或减速的操作。在仿真过程中，也不能动态地改变它的速度。但是，可以通过 changeconveyorspeed（ ）命令实现这些操作。

（5）排列传送带。当前传送带可以排列它后面的传送带。按下 X 键，然后点击当前传送带，与它的第一个输出端口连接的传送带就会接到当前传送带的后面。

（6）传送带 X 向尺寸。注意：传送带的实际尺寸（选中时的黄色方框的尺寸）和传送带的长度不一致。改变传送带的 Y 向尺寸将改变它的宽度；改变它的 X 向尺寸将改变支柱的宽度。

（7）通知上游实体有关当前传送带的阻塞长度。在传送带的属性窗口中，有一个复选框，用来命令传送带通知上游实体关于它的阻塞长度，这样，可以在多个串联的传送带上收集临时实体。但是，传送带之间的消息传递非常影响处理器的运行速度。如果在多处选中此复选框，模型的运行速度将会下降，所以只能在需要的时候才使用此功能。另外，使用此功能时，光电传感器是不可用的。

（8）改变临时实体通过不同传送带的速度。如果模型中有两个串联的传送带，后者的速度比前者的速度慢，产品在跨越传送带时就会发生重叠现象。这只是一个视觉小故障，只要转运点不连接多个并列的传送带，就不影响整个模型的数据输出。如果它处于分岔口上，就可以在分岔口的前面放置一个较短且速度较慢的传送带来避免重叠。

（9）状态。空：传送带上没有临时实体。运送中：传送带上的所有临时实体都在移动。阻塞：临时实体的前端到达了传送带的末端，已经释放，但是还没有被下游实体接收。注意，这并不意味着所有的临时实体都停下来了，就像堆积模式下的传送带那样。等待运输机：临时实体的前端到达了传送带的末端，且已被释放，也已被下游实体接收，但是叉车还没来拣取它。

（10）光电传感器。用户可以在传送带上指定光电传感器的位置。光电传感器指的是传送带上的一些位置，当它发生阻塞时，用于触发 OnCover（覆盖）和 OnUncover（解除覆盖）触发器。除非在这两个触发器中指定了改变传送带行为的逻辑，否则，它们并不影响传送带的其他逻辑。每个光电传感器都有需要用户定义的内容：从传送带起始端开始计算的它的位置和跳转时间。光电传感器三种状态如下：未覆盖/黄表示没有临时实体遮挡光电传感器；覆盖/黄表示临时实体正在覆盖光电传感器，但是覆盖的时间没有达到跳转时间；覆盖/红表示临时实体正遮挡着光电传感器，而且覆盖的时间至少等于跳转时间。光电传感器可能会发生状态切换。每次状态切换都触发一个触发器。

绿到黄。发生这种切换的情况表示光电传感器开始时没有被覆盖，一个临时实体经过并遮挡了它。这时触发 OnCover 触发器，把这个触发器的 covermode 参数设置为 1。传送带开始跳转时间计时。

黄到红。发生这种切换的情况表示一个光电传感器被覆盖（黄色状态），其跳转时间计时结束。这时再次触发 OnCover 触发器，并把 covermode 参数的值设置为 2。注意，在触发器逻辑中，可能需要区分绿到黄触发器和黄到红触发器。还要注意，如果跳转时间为 0，就会同时执行两次 OnCover 触发器：一次是绿到黄的状态切换，一次是黄到红的状态切换。

黄到绿。发生这种切换的情况表示光电传感器被覆盖且处于黄色状态时，一个后面有空隙的临时实体经过光电传感器后，它变为未覆盖的状态。这时触发 OnUncover 触发器，并且 covermode 参数设置为 1。

红到绿。发生这种切换的情况表示光电传感器被遮挡并处于红色状态，一个后面有空隙的临时实体经过光电传感器后，它变为未覆盖的状态。这时触发 OnUncover 触发器，并且 covermode 参数设置为 2。

（11）光电传感器可视化。光电传感器显示为横跨传送带的直线。要隐藏光电传感器，可以按住 B 键，然后点击传送带，或者可以在属性窗口的光电传感器选项卡中隐藏光电传感器。

（12）属性选项卡：传送带、布局、光电传送带、临时实体流、触发器、标签、常规、统计。

5. 分拣传送带

（1）概述。分拣传送带属于非堆积传送带，沿着此传送带可以定义多个输入端口和输出端口及其位置。

（2）详细说明。分拣传送带属于传送带，而传送带又属于固定实体。它的每个输入端口都有一个相应的临时实体进入的位置。每个输出端口都有一个临时实体离开的位置和一个阻塞参数。

（3）接收/释放逻辑。对于每个输入点，只要它的位置上没有临时实体，且有足够的空间可以容纳临时实体，它就可以接收临时实体。临时实体的前边界对应进入点，然后开始沿传送带向下游移动。

每当临时实体离开时，分拣传送带就会调用那个端口的发送条件。如果发送条件返回真，传送带就会尝试从那个端口释放临时实体。如果下游实体准备好接收，则成功释放。如果尝试失败，将发生以下两种情况之一。如果那个输出端口的阻塞参数为 0，那么就不能释放临时实体，它会沿着传送带继续移动。例如，阻塞参数是 1，整个传送带都会停止，直到下游实体准备好接收此产品。

到达传送带末端但没有离开的临时实体将回到传送带的起始端，并再次沿传送带移动。这就是为什么建议每个分拣传送带的最后一个离开点要设定为阻塞的原因，除非想要它们再次沿着传送带输送。当一个临时实体循环到传送带起始端时，触发进入触发器，端口参数为 0。

（4）逻辑区别。分拣传送带与其他固定实体不同。首先，分拣传送带总是处于拉入模式。然而，与其他固定实体的拉入模式不同，它一定会检查上游临时实体的 sendto 函数值，确保可以把那个临时实体发送到分拣传送带。其次，不同于常规固定实体的地方是用户不能使用"拉入策略"。它自己处理这些逻辑，因为每个端口接收临时实体的能力取决于进入点的位置和传送带上其他临时实体的尺寸和位置。还有，这里没有返回端口号的发送至端口功能。同样，临时实体要通过哪个端口离开取决于临时实体和输出点的位置。然而，分拣传送带有一个发送条件，每当临时实体经过离开位置时就触发该函数。这个函数返回真或假（1 或 0），表示是否允许临时实体从那个点离开。

（5）进入/离开点可视化。进入/离开点在正投影/透视视图中用红色或绿色箭头绘出。输入位置用箭头指向传送带内部。离开位置用箭头指向传送带外部。绿色箭头表示分拣传送带可以通过那个点接收临时实体，或者正等待着通过那个点送出临时实体。红色箭头表示那个点不可用，或者正有临时实体等待着通过那个点离开。如要隐藏箭头，从它的属性窗口，可进行如下操作：编辑—实体菜单—实体不显示端口。

（6）状态。空：传送带上没有临时实体。空：传送带上的临时实体在向下游输送。阻塞：传送带上的一个临时实体到达了离开点，且它的阻塞参数是 1，但是它还没有离开传送带，所以所有临时实体都停下来。

（7）属性选项卡：分拣传送带流、传送带、布局、触发器、标签、常规、统计。

6. 复合处理器

（1）概述。复合处理器用来模拟按照指定的操作顺序加工临时实体的过程。在每个复合处理器上定义一系列的工序，每个进入的临时实体都按顺序经历这些处理过程。复合处理器可能在处理过程中调用操作员。

（2）详细说明。复合处理器属于固定实体。它接收一个临时实体，按顺序对它进行多种加工操作，然后释放。一旦临时实体离开，它又接收一个临时实体，再经过这样的处理过程。复合处理器中同一时刻只能有一个临时实体。

对于用户定义的每个操作，可以指定加工名称、加工时间、需要的操作员数目、分配给操作员的任务的优先级和先占值，以及接收任务的操作员或分配器。在每个操作的开始，调用加工时间，将它的状态设为加工名称，并且调用操作员（如果操作员数目大于 0）。当加工完成后，复合处理器释放加工过程中调用的所有操作员，并触发加工结束触发器。它还将加工序号作为 parval（2）传递给加工结束触发器。

（3）应用背景。如果有一个站点，涉及多个操作，各有不同的加工时间，或者不同的资源，就应该使用复合处理器。也可以将复合处理器当作不同操作的共享站点使用。例如，临时实体 1 需要经过操作 A、B、C、D，临时实体 2 需要经过操作 E、F、G、H，但是两种类型必须共享一个站点来进行处理。给复合处理器设定 8 个工序：A~H，对于临时实体类型 1，将 E~H 的加工时间设定为 0，对于临时实体类型 2，将 A~D 的加工时间设定为 0。

（4）状态。空闲：没有临时实体在处理。用户定义状态：用户自定义的状态，每个工序对应一个。阻塞：加工完毕并已释放，但没有下游实体准备好接收此临时实体。等待操作员：等待操作员的到来从而开始一个新的加工过程。等待运输机：完成加工过程并已释放临时实体，并且下游实体已准备好接收，但是任务执行器还没拣取它。

（5）属性选项卡：复合处理器、临时实体流、触发器、标签、常规、统计。

7. 处理器

（1）概述。使用处理器模拟临时实体的加工过程。也可以将加工过程解释为强制执行的时间延迟。总的时间分为预置时间和加工时间。处理器一次可以处理多个临时实体，在预置、加工时可以调用操作员。当处理器发生故障时，所有正在加工的临时实体都会被延迟。

（2）详细说明。处理器属于固定实体，是合成器和分解器的父类。它持续地接收临时实体直到达到其最大容量。每个进入处理器的临时实体都将经过一段预置时间和随后的加工时间。这两个过程结束后，释放临时实体。如果最大容量大于 1，则并行处理多个临时实体。

（3）预置/加工操作员。如果设定处理器在预置或加工过程中使用操作员，则在每个操作开始时，使用 requestoperators 命令调用用户定义的几个操作员，在此函数中，station 参数就是处理器，involved object 就是临时实体。这将导致处理器暂停等待操作员的到来。一旦所有的操作员到达，处理器就恢复操作。一旦操作完成，处理器就释放它所调用的操作员。如果处理器被设定为使用相同的操作员进行预置和加工，则处理器要等到预置和加工都完成后才会释放操作员。

（4）状态。空：实体是空的。设置：实体处于建模人员定义的预置时间内。处理：处于建模人员定义的处理时间内。阻塞：实体已释放临时实体，但是下游实体没有准备好接收。等待操作员：实体在等待操作员来进行维修或者处理。等待运输机：实体已释放了临时实体，且下游实体也已准备好接收，但是运输机还没拣取临时实体。停机：实体故障。

（5）属性选项卡：处理器、故障、临时实体流、触发器、标签、常规、统计。

8. 暂存区

（1）概述。暂存区用来在下游实体不能接收临时实体时存储它们。暂存区默认的工作方式是先进先出，意思是，当下游实体变为可用时，等待时间最长的那个临时实体先离开暂存区。暂存区设有成批操作的功能，收集一定数量的临时实体后，一起释放。

（2）详细说明。暂存区属于固定实体。它将持续接收临时实体直到达到其最大容量。如果没有设定成批操作，暂存区将会在临时实体到达之后立即释放它，并在释放每个临时实体之前调用收集结束触发器。

（3）成批操作。如果启动成批操作，那么暂存区将会一直等待直到接收到目标数量的临时实体，然后作为同一批同时释放。默认的最长等待时间为 0，意味着没有最长等待时间，或者暂存区将一直等待下去直到收集完一批临时实体。如果此项不是 0，那么第一个临时实体到达后，就开始计时。如果在最长等待时间内，没有完成收集，暂存区就直接释放临时实体。在释放临时实体前调用收集结束触发器，item 参数引用的是整批中第一个临时实体，收集到的临时实体数量为 parval（2）。若选中一批离开后才接收新的一批，则当它收集一个批次后立即关闭输入端口，直到整个批次离开才再次打开。若不选中一批离开后才接收新的一批，则它完成一个批次后，立即就开始收集下一个批次，这意味着暂存区中随时都可以有几个批次等待离开。

（4）状态。空：暂存区是空的。收集：暂存区在收集一个批次中的临时实体。释放：暂存区已完成批量的收集，正在释放这些临时实体。同样，如果暂存区不使用成批操作，而在它里面有临时实体，则它将处于此状态。等待运输机：暂存区中有已经释放并准备好向下游移动的临时实体，但是正在等待一个运输设备来拣取临时实体。

（5）属性选项卡：暂存区、临时实体流、触发器、标签、常规、统计。

9. 货架

（1）概述。货架存储临时实体，就像在仓库货架上一样。用户可以定义货架的列数和层数，指定放置临时实体的位置。如果使用叉车从货架拣取或放置临时实体，就需要行走到分配给那个临时实体的特定货格。货架也可以用来模拟仓库的地面储存区，使用列号来指定放置临时实体的 x 位置，用层号来指定放置临时实体的 y 位置。

（2）详细说明。货架属于固定实体。它将持续接收临时实体直到达到其最大容量。每当临时实体进入时，则对那个临时实体执行最小停留时间函数。此函数返回临时实体的最小停留时间。货架启动计时功能，完成计时后，就释放临时实体。

（3）进入/离开触发器中的其他参数。货架将向进入和离开触发器传递其他参数。在这些触发器中，parval（3）是临时实体所在的列，parval（4）是临时实体所在的层。

（4）放入列、放入层函数。调用放入列和放入层函数的时间取决于模型中货架的配置。这取决于临时实体是被运输到货架的，还是直接从上游实体移动进来的。如果它们是直接移动过来的，则在接收它们的时候（接收事件中）调用放置函数。如果是被运输工具运送到货架中的，则在运输工具完成行进任务并开始卸载任务的偏移行进时调用放置函数。此时，运输工具通过访问货架来确定放置临时实体的位置。货架调用放置函数之后才可以告诉运输工具它需要行走的是哪个列和层。如果在运输工具请求时，货架调用了放置函数，那么临时实体实际进入货架时将不需要再次调用。

（5）放置临时实体。如果货架是垂直存储货架，进入的临时实体将放置在给定的列与层，靠着货架的 y 边缘（yloc（rack）-ysize（rack））。它们将会从那一点开始向后堆积。如果货架被用来地面堆存，则临时实体将被放置在地面上给定的列和层，并从那一点开始垂直堆积。

（6）可视化：货架有几种显示模式，可以更好地观察货架中的产品。除了透明度的值，可按住 X 键重复点击货架，则货架将会在不同的显示模式之间切换。这些模式有：①整体模式。该模式显示每个货格，货架的每层有一个放置临时实体的平台。这是现实中的货架。②带网线的背景模式。只显示货架的后边的那面。它上面的网格代表货架的列和层。这种模式用来更好地查看货架中的临时实体，以及临时实体所在的列和层。③背景模式。该模式与前一种相似，只是不绘制网格线。可方便地查看货架中的临时实体。④框架模式。围绕货架的形状轮廓绘制一个线框。可以查看多个货架中的临时实体。点击框架，才可切换回模式 1。

（7）命令。使用下面的命令可获取列和层的相关信息。

rackgetbaycontent（obj rack，num bay）返回指定列中临时实体的总数。

rackgetbayofitem（obj rack，obj item）返回临时实体所在列的编号。

rackgetcellcontent（obj rack，num bay，num level）返回指定货格中临时实体的数量。

rackgetitembybayandlevel（obj rack，num bay，num level，num itemrank）返回指定货格中的某个临时实体的引用。

rackgetlevelofitem（obj rack，obj item）返回临时实体所在层的编号。

rackgetnrofbays（obj rack） 返回货架的总列数。

rackgetnroflevels（obj rack [，num bay]）返回指定列的层数。

（8）属性选项卡：货架、尺寸表、临时实体流、触发器、标签、常规、统计。

10. 分解器

（1）概述。分解器用来将一个临时实体分成几个部分，主要通过拆分由合成器打包的临时实体，或者复制原始实体来实现。在处理时间完成后进行分解/拆包。在分解器预置、加工和维修的时间里，可以调用操作员。

（2）详细说明。分解器是处理器的一个子类，而处理器属于固定实体。它一接收临时实体，就执行预置和加工时间。如果分解器处于拆包模式，则预置和加工一结束，就会从临时实体中拆分出一定数量的产品出来。拆出的临时实体被释放之后，再释放容器。如果分解器处于分解模式，则预置和加工时间一结束，分解器就复制一定数量的临时实体，然后释放它们。对于拆包和分解两种模式，一旦所有的临时实体离开分解器，分解器将立即接收下一个临时实体。

（3）状态。空闲：实体是空的。预置：实体在用户定义的预置时间内。处理：实体在用户定义的处理时间内。阻塞：实体已释放临时实体，但是下游实体还没有准备好接收。等待操作员：等待操作员来维修故障或其他操作。等待运输机：实体已释放临时实体，下游实体也已准备好接收，但是运输工具还没有拣取此临时实体。停机：实体故障。

（4）属性选项卡：加工时间、故障、分解器、临时实体流、触发器、标签、常规、统计。

11. 吸收器

（1）概述。吸收器用来消除模型中已经通过全部工序加工的临时实体。一旦临时实体进入吸收器，就不能再恢复。关于即将离开模型的临时实体的数据收集，都应在它进入吸收器之前进行。

（2）详细说明。吸收器属于固定实体。它将持续接收临时实体，并在临时实体进入之后立即消除它们。由于它消除所有接收到的临时实体，所以吸收器在临时实体流选项卡里就没有任何送往逻辑。

（3）属性选项卡：吸收器、临时实体流、触发器、标签、常规、统计。

12. 发生器

（1）概述。发生器用来创建模型中的临时实体。每个发生器只能创建一种临时实体，它能够给这些临时实体设置属性，如实体类型或颜色。模型中至少有一个发生器。发生器可以按照到达时间间隔、到达规划表或自定义的到达序列创建临时实体。

（2）详细说明。尽管发生器不接收临时实体，但是它也属于固定实体，它创建并释放临时实体。因此，在其临时实体流选项卡中没有输入部分。生成器可以按下面三种模式进行操作：①到达时间间隔模式。在到达时间间隔模式中，发生器使用到达时间间隔函数。此函数的返回值是下一个临时实体到达之前需要等待的时间。发生器等待这么长的时间，然后创建一个临时实体并释放。临时实体一离开，它再次调用这个函数，并重复这一过程。注意，到达时间间隔定义为一个临时实体离开与下一个临时实体到达之间的时间，而不是一个临时实体到达与下一个临时实体到达之间的时间。如果想要将到达时间间隔定义为两次到达之间的真实时间，则在下游使用一个容量很大的暂存区，确保发生器在生成临时实体时立即将其释放。还可以指定到达时间间隔是否也用于第一个到达的临时实体，或者说，第一个临时实体是否在 0 时刻创建。②到达时间表模式。在到达时间表模式中，发生器根据用户定义的时间表来创建临时实体。每一行中指定了临时实体的创建时间、临时实体类型、数量和标签。必须正确填写到达时间，意思是到达时间应大于或等于前一行中的到达时间。如果选中重复时间表，则在完成最后一行时立即循环回到第一行执行它的逻辑。这里提醒一下，当选中重复时间表时，第一行的到达时间只适用于时间表的第一次循环，也就是说只执行一次初始的到达时间，但是不重复执行。如果需要发生器执行完最后一行后，等待一段时间再去重复下一个到达时间，那么可以在表的末尾添加一行，它的到达时间应该大于前一行的到达时间，但是到达的临时实体数量为 0。③到达序列模式。到达序列模式与到达时间表模式类似，只不过这里没有相关联的时间。生成器将创建给定表格行的临时实体，然后当那个进入的最后一个临时实体一离开,就立即转到表的下一行。也可以重复使用到达序列。

(3)状态。生成:在生成器中没有临时实体,它正在等待直到下一次创建事件发生。阻塞:创建的临时实体正等待离开发生器。

(4)属性选项卡:发生器、临时实体流、触发器、标签、常规、统计。

4.2.2 任务执行类实体

1. 堆垛机

(1)概述。堆垛机是一种特殊类型的运输工具,专门用来与货架一起工作。堆垛机在两排货架间的巷道中来回滑行,拣取和卸载临时实体。堆垛机可以做伸叉、提升和行进动作。提升和行进运动是同时进行的,但堆垛机完全停车后才会进行伸叉。

(2)详细说明。堆垛机属于任务执行器。它沿着 x 轴方向,进行行进偏移。它一直行进,直到与目的地位置垂直,然后抬升载货平台。如果偏移行进是要执行装载或卸载任务,那么一完成偏移,它就会执行用户定义的装载/卸载时间,将临时实体搬运到其载货平台,或者从其载货平台把临时实体卸载到目的位置。默认情况下,堆垛机不与导航器相连,这意味着它不执行行进任务。所有行进都采用偏移行进的方式完成。除了任务执行器所具有的标准属性外,堆垛机具有建模人员定义的载货平台,可用来提升速度和初始位置。当堆垛机空闲或者没有执行偏移行进任务时,载货平台将回到此初始位置的高度。

(3)应用背景。由于堆垛机的主要特性是它只沿着它的 z 轴运动且不旋转,所以此实体可用来模拟任何不做旋转、只前后和上下往复运动的设备。在一些模型中,它被当成一辆简单的中转车使用,或者当成两个或多个传送带之间的中转传送带使用。

(4)属性选项卡:堆垛机、故障、碰撞、触发器、标签、常规、统计。

2. BTE

(1)概述。BTE 是为开发人员准备、用于创建用户库的。它几乎把任务执行器所有的可继承性逻辑传递给下拉列表函数。这样,用户库开发人员就可以指定任务执行器的所有功能。

(2)详细说明。BTE 属于任务执行器。用户可以指定偏移行进的相关逻辑,也可以设置停止/恢复实体、拣取/放置偏移和其他高级功能。参见 BTE 选项卡,获得更多信息。

(3)属性选项卡:BTE、任务执行器、故障、碰撞、触发器、标签、常规、统计。

3. 起重机

(1)概述。起重机与叉车的功能类似,但它的图形有所变化。起重机在固定的空间内工作,沿着互相垂直的 x、y 和 z 三个方向运动。它用来模拟由轨道导引的起重机,如门式、桥式和悬臂式起重机。默认情况下,起重机吊具在拣取或放下临时实体之后,移动到下一个位置之前,会上升到起重机主框架的高度。要想进一步控制吊具从一次拣取到下一次拣取的运动，可以使用属性窗口来改变起重机的行进序列。

（2）详细说明。起重机属于任务执行器。它根据用户指定的行进序列执行偏移行进。默认状态下，行进序列为 L>XY>D。">"符号用来隔开各种行进操作。L 为抬起提升机，X 为移动起重架，Y 为手台车，D 为将提升机放置在偏移位置。根据默认的行进序列，起重机首先抬起提升机，其次同时移动起重架和手台车至偏移位置，最后降下提升机。起重机行进，使其 x/y 中心和 z 基面到达目标位置。如果偏移行进任务中涉及一个临时实体，则起重机行进，使其 x/y 中心和 z 基面到达临时实体的顶部，换句话说，它通过临时实体的 z 尺寸来增加到达 z 轴的位置。

（3）属性选项卡：起重机、任务执行器、故障、碰撞、触发器、标签、常规、统计。

4. 任务分配器

（1）概述。使用任务分配器控制一组叉车或操作员。任务序列从一个实体发送到分配器，分配器将它们分配给与其输出端口相连的叉车或操作员。最终接到请求的可移动资源将执行任务。

（2）详细说明。任务分配器对任务序列进行排队和分配。根据建模人员的逻辑，任务序列一发送到分配器，可能会进行排队，也可能立即分配。当分配器接收到一个任务序列，触发 dispatchtasksequence（ ）命令时，首先调用传递函数。此函数返回一个端口号。分配器将立即把任务序列传送给与那个端口相连的实体。如果函数返回 0 而不是一个端口号，那么任务序列在分配器的任务序列队列中进行排队，这是通过调用排队策略函数完成的。排队策略返回一个与此任务序列相关联的值，代表它的优先级，主要用来安排它在整个队列中的位置。优先级比较高的排在队列的前面，低的排在后面。通常，排队策略函数会直接返回任务序列的优先值，但是如果需要，排队策略函数也可以动态改变任务序列的优先级。在排序任务序列时，为了得到每个优先级并将它与新的任务序列的优先级进行比较，实际上任务分配器会多次调用排队策略函数，每个任务序列都调用一次。一旦发现应该放置任务序列的正确位置，就对它进行相应的排序。任务分配器是所有任务执行器的父部件，换句话说，所有任务执行器也都可作为分配器应用。这意味着所有的操作员或者叉车都可以扮演分配器或者团队指挥的角色，给组中其他成员分配任务序列，同时自己也执行任务序列。

（3）属性选项卡：分配器、触发器、标签、常规、统计。

5. 升降机

（1）概述。升降机是一种上下移动临时实体的特殊运输工具。它自动移动到需要拣取或卸载临时实体的高度。动画显示临时实体进入或离开升降机的过程，使得升降机的装载和卸载的过程更逼真。

（2）详细说明。升降机属于任务执行器。它的偏移行进只限于偏移位置的 z 轴方向。如果偏移行进是为了执行装载或卸载任务，则偏移一完成，它就采用用户定义的装载/卸载时间，将临时实体移到载货台上，或者把临时实体从载货台移到目标位置。在移出或移入升降机时，临时实体沿升降机的 x 轴运动。默认情况下，升降机不与导航器相连。它不会执行行进任务。所有行进都是采用偏移行进来完成的。

（3）应用背景。由于升降机的主要特性是沿 z 轴运动，当需要实体只沿一个轴向运动时，可以使用这个实体。

（4）属性选项卡：升降机、故障、碰撞、触发器、标签、常规、统计。

6. 操作员

（1）概述。实体在预置、加工或者维修过程中，可以调用并使用操作员。它们将与调用它们的实体待在一起直到被释放。一旦被释放，如果又被调用，它们就可以服务于另一个实体。它们也可以在实体之间搬运临时实体。如果需要操作员沿着特定的路径行走，可以将它们与一个网络路径相关联。

（2）详细说明。操作员属于任务执行器。它根据是否有临时实体需要执行偏移操作来决定是否执行偏移行进。如果没有临时实体，它会像任务执行器一样执行偏移。它行进到目标位置（x, y, z）。如果存在一个临时实体，那么操作员只沿 x/y 面行走。它只能行进到它的前边界与临时实体的边界接触的位置，而不是 x/y 的中心部位。这可以通过总行进距离减去(xsize(operator)/2 + xsize(item)/2)得到。使用 setframe 和 getframe 命令，还可以模拟操作员的走动。通过创建不同的 3D 模型来指定 3D 文件的帧，如对于 3ds 或 wrl 文件，将其保存为<原始文件名> FRAME<帧序号>.3ds。例如，操作员的原始 3D 文件是 Operator.3ds，当它的帧设为 0 时，就绘制现在的图形。它的其他帧是在 OperatorFRAME1.3ds，OperatorFRAME2.3ds 里面进行定义的。用户还可以指定自己的 3D 文件和帧。但是，如果将要使用操作员，则应该了解操作员具备的自动更新帧的功能。如果既要使用操作员，又要定义自己的帧，那么定义的帧必须与操作员的帧序号一致。这些序号的含义如下：

帧 0 表示站立，手臂在身体侧面。

帧 1~6 表示行走，手臂在身侧。

帧 7~12 表示行走，手臂伸开去握住一个临时实体。

帧 13 表示站立，手臂伸开去握住一个临时实体。

帧 14 表示坐着，手臂在身侧。

帧 15 表示坐着，手臂伸开去握住一个临时实体。

如果操作员正在行走（在执行行进任务或者偏移行进），那么它的帧将在 1~12 自动更新。否则，根本不更新帧。当操作员不行走的时候，可以根据需要设定帧。如果想使操作员在行走过程中不更新帧，可在操作员的绘图触发器中返回 1，那么操作员就不会更新帧了。

（3）应用背景。如前面提到的通过访问产品的 xsize 来减少总的偏移距离，但如果临时实体的 x 与 y 尺寸差别很大，并且操作员从其 y 向接近它，此功能可能就不能正常工作。如果是这种情况，要想看起来更逼真些，可以在操作员拣取它之前，切换临时实体 x 和 y 的尺寸，并将其右旋 90°，然后从操作员的装载/卸载触发器中撤销这些修改。

（4）属性选项卡：任务执行器、故障、碰撞、触发器、标签、常规、统计。

7. 机器人

（1）概况。机器人是一种特殊的运输工具，它从起始位置提取临时实体并将其放到终止位置。通常，机器人的基面不会移动，它通过旋转6个关节移动临时实体。

（2）详细说明。机器人属于任务执行器。通过旋转关节，实现偏移行进。注意，默认情况下，在偏移行进时，机器人的 $x/y/z$ 位置不改变。如果目标位置超出了机器人手臂的最大伸展长度，那么机器人只能伸展手臂至最大长度。它不使用标准任务执行器的最大速度、加速度和减速度值。在默认情况下，机器人不与导航器相连。这意味着除非用户明确地将其连接到网络上，否则它不执行行进任务。

（3）属性选项卡：机器人、故障、碰撞、触发器、标签、常规、统计。

8. 叉车

（1）概述。叉车主要用来把临时实体从一个实体搬运到另一个实体。它有一个货叉，从货架中拣取或向货架中放置临时实体时，它可以升到临时实体的位置。如果需要，它可以一次搬运多个临时实体。

（2）详细说明。叉车属于任务执行器。它的偏移行进方式有两种。第一，如果行进操作涉及临时实体，那么，它将行进到货叉前沿位为目标位置的 x/y 坐标，按照目标位置的 z 轴坐标提升货叉。第二，如果偏移行进操作不涉及临时实体，则它行进至目标位置的 x/y 坐标。

（3）属性选项卡：叉车、故障、碰撞、触发器、标签、常规、统计。

4.2.3 行进网络

1. 网络节点

（1）概述。网络节点用来定义叉车和操作员遵循的路径网络。通过使用样条线节点，添加路径弯度，从而修改路径。默认情况下，在网络上行驶的实体将沿着起始位置和目标位置之间最短的路径行走。

（2）详细说明。连接行进网络有三个步骤：①将网络节点相互连接。②将网络节点连接到扮演网关的实体上。③将任务执行器连接到某个网络节点，仿真开始时，任务执行器将待在这个节点上。相互连接网络节点。

每个网络节点可以拥有多条与其他网络节点连接的路径。每条路径代表两条单行线路径。可以单独配置每条路径的方向，在正投影/透视视图中配置路径。按住 A 键点击一个网络节点，然后拖动到另一个节点，即可在两个网络节点之间创建一条路径，如图 4.14 所示。

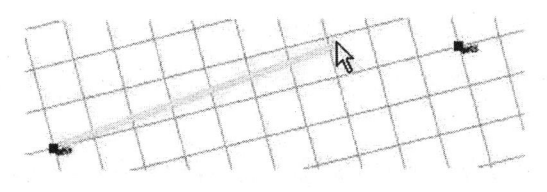

图 4.14 路径示例图（一）

这将会创建两条单向、可超车类型的路径。路径分为两侧，分别代表一个方向。A

连接的路径，可以在超车和禁止超车两种模式之间切换。切换的方向取决于操作是从哪个节点拖到哪个节点的。图 4.15 显示了两条路径。第一条是两个方向都允许超车。第二条是一条从右向左允许超车，从左向右禁止超车的路径。路径带的两个侧边和它们所代表的方向是由美国公路系统的规则确定的：沿路的右边行驶，如图 4.15 所示。

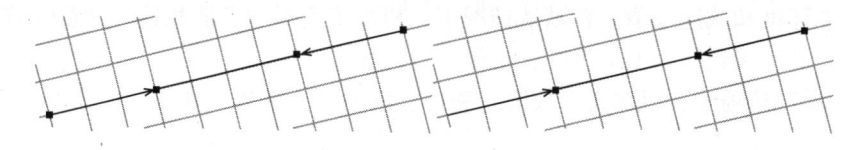

图 4.15　路径示例图（二）

Q 连接将会把某个方向的路径切换成无连接，运输工具不能沿那个方向行驶。这种类型的连接样条线节点显示为红色，也可以通过右键单击颜色方块。在下拉菜单中选择需要的选项，或者按住 X 键，点击方块来改变连接类型。连接设置如图 4.16 所示。

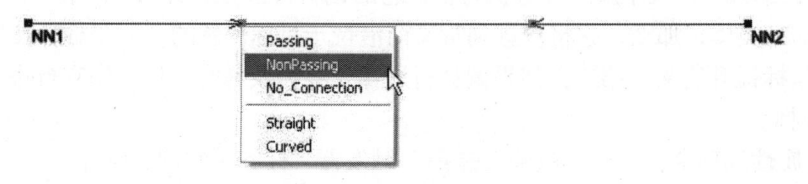

图 4.16　连接设置

默认状态下，两个节点之间的连接为直线。右键单击颜色方框，在下拉菜单中选择弯曲，就会出现另外两个更小的被称为样条线控制点的框，可以通过移动它们，创建弯曲路径，如图 4.17 所示。

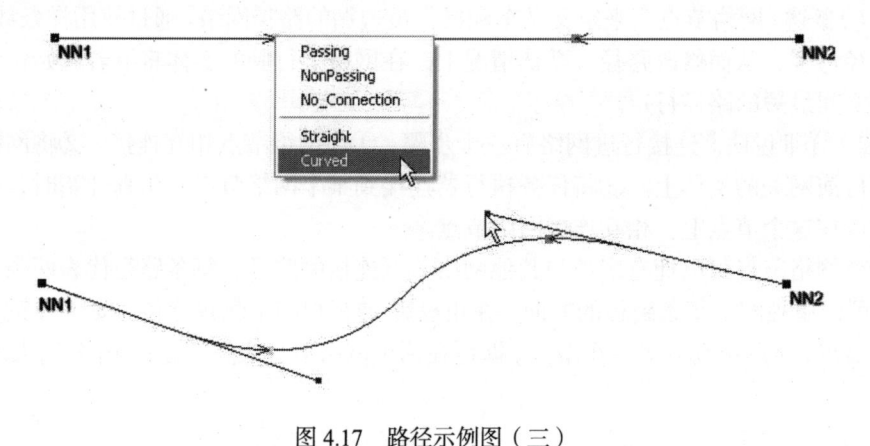

图 4.17　路径示例图（三）

同时也可以通过正视视图或者透视视图工具栏中的运输网络工具面板来设置默认的节点连接。

（3）使用网络节点的路径选项卡配置路径。打开网络节点的参数视窗，路径选项卡可用来配置从此节点向外延伸的所有单行线路径。如果需要配置连接进入当前节点的路径，则可编辑与此节点连接的那个节点的属性。可对每条从网络节点延伸出的路径命名，指定其行进连接类型、间隔、速度限制及虚拟用户距离。

名称：连接的名称仅为语义表达，对模型逻辑没有影响。

连接类型有三种：无连接、允许超车和禁止超车。无连接意味着这条路径上不允许有行进物沿着某个给定方向行进。如果选择无连接，则这条路径将会用红色标识出相应的侧边。允许超车意味着行进物不会沿着路径聚集，如果速度不同，相互超过就可以了。禁止超车意味着此路径上的行进物将会聚集，采用间隔值作为它们之间的缓冲距离。

间隔只适用于禁止超车的路径。这是一个行进物后边界与另一个行进物前边界之间需要保持的距离。

速度限制是路径的速度限制。行进物将会根据它们自身的最小速度以及路径的限制速度行驶。如果路径是允许超车的连接，则一旦行进物上路就会加速或减速到适当的速度。但如果是禁止超车的连接，则行进物会立即将其速度改变为合适的速度，而不使用加速或减速。

虚拟距离是指可以输入一个用户定义的路径距离。如果想要设定一个特定的距离来覆盖路径的（在三维模型中的）实际距离，或者，如果距离很大，而不想让另一个网络节点显示在模型中一个相距极远的位置上，则可以使用虚拟距离。如果输入0，则会使用路径的实际距离；否则，将使用输入的距离。节点的每条连接都有一个相应的号码，这和在路径选项卡上的各连接的排列顺序相同。列表中的第一个连接是连接1，第二个是连接2，依次类推。如果想要通过给定连接号得到与此节点相连的网络节点的引用，只要使用outobject（）命令和指定的连接号即可。

（4）动态关闭侧边。在仿真过程中，可以使用closenodeedge和opennodeedge命令动态地关闭节点路径。在这两个命令中，指定网络节点，以及侧边的排序号或者侧边名称。一个关闭的侧边将不允许更多的行进物进入此侧边中，直到它再次被打开。但是，关闭时已经在侧边上的行进物可以继续行进并能离开侧边。当模型重置时，所有先前被关闭的侧边都将重新打开。

（5）侧边上的加速/减速。加速和减速应用在允许超车的侧边上，而不适用于禁止超车的侧边。实体在网络上行进时，将会逐渐加速到它们的最大速度。当接近目的地时，它们也会进行减速。同样，以最大速度行驶的行进物在到达一条限制速度小于其最大速度的侧边时，它将减速至限制的速度。行进物从开始沿着那条具有较小限制速度的侧边行驶时开始减速，而不是在到达此侧边之前减速。

（6）连接网络节点至实体。要连接一个网络节点到模型中的某个实体，相对此实体，该网络节点扮演着行进网关的角色，可以在这个网络节点和此实体之间创建一条A连接。这将在网络节点和实体左上角之间绘制一条连线。这种类型的连接意味着任何在网络上行进并想到达那个实体的任务执行器，都将行进到它所连接的网络节点。

可以将多个网络节点连接到一个实体上，这将导致一个想要到达那个实体的任务执行器行进到与那个与实体相连的、离它自己最近的网络节点。也可以将多个实体与同一个网络节点相连。处理器连接设置如图4.18所示。左边的处理器连接到左右两个网络节点上，右边的网络节点也同时连接到左右两个处理器上。

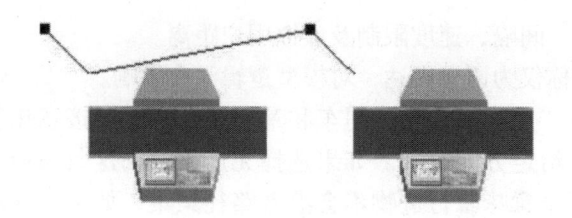

图 4.18　处理器连接设置

如果将一个节点连接到某工位，却没有看见连线，可试着四处移动网络节点来查看，也许连线被网格线遮住了。

（7）将网络节点连接到任务执行器。可以在网络节点与任务执行器之间建立 A 键拖动连接，使任务执行器可以在网络中行进。这将在网络节点与实体左上角之间绘制一条连线。这种类型的连接意味着任何一个给定了运输任务的任务执行器都将沿着此网络到达其目的地。它还意味着，当任务执行器需要穿过网络行进时，它第一个到达的节点是与它相连的那个节点。

每当一个任务执行器完成一次行进操作，到达与目的地实体相连的网络节点时，任务执行器将变为非激活状态。当它在那个节点区域内进行某些操作时，最后节点与此任务执行器之间将绘制出一条连线。这意味着，任务执行器再次接到行进任务时，要返回到网络路径中，它必须返回到使它处于非激活状态的那个网络节点上。

可以将多个任务执行器连接到同一个网络节点。当重置模型时，连接到同一个网络节点的所有任务执行器都会重置它们的位置为最初的分配给网络节点的位置。

如果将节点与任务执行器连接，却没有出现连线，可尝试移动网络节点进行查看，可能连线被网络线遮住了。使用 D 键可将一个网络节点连接到一个任务执行器，并作为一个行进网关；使用 E 键来断开连接。用这种方式连接，将会绘制一条连接到任务执行器的连线，标示着向着那个任务执行器行进的其他任务执行器将行进到与它用线连接的网络节点。

（8）查看连接。建立了行进网络后，即可在正投影/透视视图中配置需要绘制的连接的类型。网络有一系列的绘制模式，从显示最多信息到显示最少信息等方式各异。这些模式列出如下：

模式 1：显示节点、路径、实体/任务执行器连接、样条线节点。

模式 2：显示节点、路径、实体/任务执行器连接。

模式 3：显示节点、路径。

模式 4：显示节点。

模式 5：只显示一个节点。

按住 X 键并重复点击网络节点，整个网络将会在这些模式之间进行切换，每进行一次 X 点击，就显示更少的信息。按住 B 键并重复点击网络节点，整个网络将会在这些模式之间进行逆向轮流切换。也可以选中一系列网络节点（按住 Ctrl 键然后点击几个节点），然后在其中的某一个节点上进行 X 点击操作，显示模式的切换就应用到所选中的那些节点上。如果选中一系列网络节点，却在一个未被选中的节点上进行 X 点击操作，则显示模式的切换将应用到那些没有选中的节点上。当模型很大，而不需要显示所有的样条线连接时，操作功能将很有用。

（9）行进物的最大数量。它是可以指定节点上允许的非激活或者静止的行进物的最大数目。非激活行进物就是连接到此网络节点，且不在执行行进任务，而是在做其他任务或者空闲的行进物。如果在行进物和网络节点之间出现一条红色连线，即可断定这个行进物是非激活的。如果将网络节点的静止行进物的最大数量设为1，且已经有一个行进物停在那个节点，则当另一行进物到达此节点时就必须等待，只有在第一个行进物离开并完成行进任务后才可以离开此节点。注意，这只适用于第二个行进物的目的地也是此节点的情况。如果第二个行进物只是想通过此节点到其他节点去，则它不必等待。

（10）虚拟出口。网络节点还可以有虚拟出口。上面提到，当一个任务执行器完成行进任务时，它就在目标网络节点处变为非激活状态。一旦它接到另一个行进任务，就必须返回到它所在的原来的网络节点上，从而回到网络路径中。虚拟出口可以用来指定替代节点，让任务执行器返回网络。虚拟出口创建在网络节点之间。按住 D 键点击一个网络节点拖动到另一个节点，可以建立虚拟出口。虚拟出口设置如图 4.19 所示。

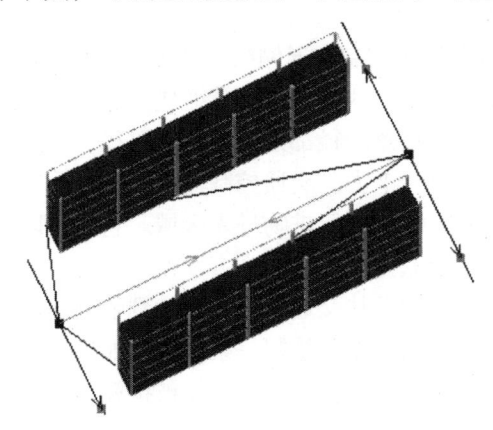

图 4.19　虚拟出口设置

图 4.19 显示了两个货架和两个网络节点。这两个网络节点是货架的行进网关（在货架与节点间绘制了连线）。已经建了两个网络节点之间的双向虚拟出口连接（箭头指向两个节点）。这意味着，如果一个任务执行器通过节点之一到达货架，而后需要返回网络，则它可以通过两个节点中的总距离较短的那一个节点离开此区域。指向给定网络节点外部的箭头表示，如果那个节点上有一个非激活的任务执行器，它可以从那个节点所连接的所有网络节点中的任意一个离开。如果它需要从原网络节点以外的其他节点离开，可以使用 reassignnetnode（）命令，重新分配一个新的节点，然后直接从新的节点离开即可。按住 E 键在网络节点之间沿着想要删除的虚拟出口连接方向拖动鼠标，即可删除虚拟出口。

（11）命令。有几个命令可用来动态操纵网络和运输。命令如下。

reassignnetnode（object transport，object newnode）动态改变一个任务执行器正静止

驻留的网络节点。

redirectnetworktraveler（object transport，object destination）如果一个行进物正在网络上向着给定目的地行进，而用户想要在行进过程中改变它的目的地，则可用此命令。

distancetotravel（object traveler，object destination）此命令可以用来计算任务执行器当前所在静止节点到目的实体的距离。

getedgedist（object netnode，num edgenum）此命令返回网络节点中的一个侧边的距离。

getedgespeedlimit（object netnode，num edgenum）此命令返回网络节点的一个侧边的速度限制。

（12）改变距离表格。模型中所有网络节点的距离/路径表都保存在一个叫做 defaultnetworknavigator 的全局实体中。只有对网络路径进行了修改，才对行进执行重新计算优化。如果点击了模型中的一个网络节点，或者在模型中的两个网络节点之间进行了 A 或 Q 拖动操作，那么下一次重置模型时，距离/路径表将会重新计算。

（13）属性选项卡：网络节点、触发器、标签、常规、统计。

2. 交通控制

（1）概述。交通控制器用来控制交通网络中某个区域的交通。网络节点与交通控制器可以建立一个交通控制区域，这些网络节点就变成交通控制区域的成员。同一个交通控制器的两个网络节点之间的任意路径都是交通控制路径，行进物只有在获得交通控制器许可的情况下才能到那条路径上去。交通控制器可以是互斥模式，在此模式中，交通控制器在任意时间只允许一定数目的行进物进入区域。它也可以使用非时间限制模式，允许行进物立即到给定的路径上去。

（2）详细说明。按住 A 键并从交通控制器拖动到节点即可连接网络节点和交通控制器。这将会在节点和交通控制器之间绘制一条连线。如果两个节点之间有路径，且两个节点是同一个交通控制实体的成员，那条路径就被指派为交通控制路径或成员路径，交通控制路径如图 4.20 所示。

图 4.20 交通控制路径（一）

所有进入交通控制区域的行进物都必须获得交通控制器的许可。交通控制区域包含所有交通控制路径和网络节点。就是说，进入交通控制区域定义为进入一条交通控制区域的成员路径，或者到达一个最终目的地，这个目的地的网络节点是交通控制区域的成员。然而，如果行进物只是经过交通控制区域的成员节点，然后继续行走进入不属于此区域的成员节点，那么这种行为不属于进入交通控制区域。在这种情况下，行进物不需要提前获得许可。行进物离开交通控制区域的方式有两种：一种是从交通控制区域的一条成员路径到一条非成员路径；另一种是从一条 inactive 状态的成员网络节点行走到一条不属于交通控制区域的成员路径上去。每当行进物离开饱和区域时，其他行进物就可以进入此区域。也可以通过调用 reassignnetnode（ ）命令，将行进物指派给一个不属于本区域的成员节点，使 inactive 行进物离开交通控制区域。表 4.2 显示了进入/离开交通控制区域的标准。

表 4.2　进入/离开交通控制区域的标准

区域	从……来	到……去
进入区域	非成员路径	1. 成员路径 2. 最终目标节点属于区域成员
离开区域	1. 成员路径 2. 在成员节点上处于非激活状态	非成员路径

交通控制器实体使用三种模式筛选行进物的进入：互斥模式、非时间模式和动态改变模式。

互斥模式。当交通控制器采用互斥模式时，在给定时刻，只允许特定数量的行进物进入控制区域。一旦处于饱和状态，要求进入的行进物就必须在交通控制区域边界等待，直到另一个行进物离开并释放相应的空间。

非时间模式。当交通控制器采用非时间模式时，它根据模式表和要求进入此区域的行进物的进入路径来筛选行进物是否可以进入交通控制区域。模式表的每一行代表一种模式。每种模式包括一系列的交通控制器允许的进入路径。交通控制器根据进入要求来选择模式。如果区域内没有行进物，交通控制器就只是等待。当第一个行进物要求进入区域的某给定成员路径时，交通控制器会搜寻它的模式表，来找到包含这条路径的模式。如果找到，交通控制器就进入这种模式，允许行进物进入此区域。交通控制器一旦处于某给定模式，它将会保持这种模式直到所有行进物都离开此区域。然后它会等待下一个"第一个行进物"的请求，并将重复此循环过程。

（3）动态改变模式。如果将交通控制器设定为搜寻最佳模式，即可在没有清空区域的情况下动态地改变模式。交通控制器对在当前模式下有通行历史的路径进行记录。当一个行进物进入一条路径时，交通控制器则会将此路径标记为"有通行"或"脏"等状态。即使后来行进物离开了此区域，标记记录仍然保留。只有当交通控制区域完全变空后，记录才会重置。当一个行进物请求进入一条路径，而此路径不是当前模式的成员时，交通控制器搜寻表中的剩余部分来查看是否有其他的模式包含当前记录为"脏"的所有路径和行进物要求的路径。如果找到一个，就改变为那种模式，并允许行进物进入那个区域；否则，行进物必须等待。

（4）使用多个交通控制器：每个网络节点都可以同时与 50 个交通控制器相连。图 4.21 显示了一个与两个交通控制器相连的网络节点。

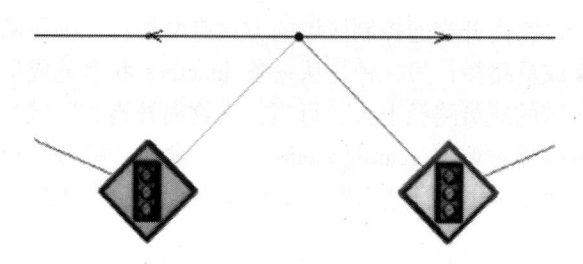

图 4.21　交通控制路径（二）

注意，从节点到左边交通控制器之间的连线是橙色的，而到右边交通控制器之间的连线是红色的。这些颜色显示了交通控制器在节点成员列表中的顺序。颜色排序以 ROYGBIV 方式（红、橙、黄、绿、篮、靛、紫）为标准。网络节点的第一个交通控制器用红色线条画出，第二个是橙色，依次类推。此排序对模型的功能来说非常重要，也可以避免交通阻塞。当一个行进物到达一个网络节点，而在此网络节点，它必须进入两个及两个以上的交通控制区域，那么它将按照节点上的交通控制区域的列表顺序请求进入那些交通控制区域。每次只请求一个交通控制器。一旦一个交通控制器允许进入，技术上，那个行进物就已进入相应的交通控制区域，若要进入其他的交通控制区域，它仍需要发出许可请求。当在两条路径之间转移时，一个行进物将在离开与原来的路径相对应的交通控制区域之前，进入与新路径相对应的所有交通控制区域，如图 4.22 所示。

图 4.22　交通控制路径（三）

（5）与交通控制器交互。可以在正投影/透视视图中进行几项操作来编辑交通控制器实体。按住 X 键并重复点击交通控制器实体，模型中所有的交通控制器实体将会在显示其节点连接和隐藏其节点连接两种方式之间切换。如果只想隐藏一个交通控制器的连接，用 Shift 键选中此交通控制器，然后按 X 键点击此实体，它将隐藏其连接。在运行模型时，可以按住 V 键点击实体，按住鼠标键不放。按住 V 键的操作与键盘交互部分中所描述的相同。这将会绘制一条连线到所有正在请求进入此交通控制区域，但还没有被许可的行进物上。如果交通控制器的颜色不是白色，那么将会用它的颜色绘制这些线，以更好地区分不同的交通控制区域进入请求。

（6）重置含交通控制器的模型。到目前为止，当重置模型时，还不能将交通控制器正确地配置来处理交通控制区域内的行进物，需要将所有行进物都重置到一个不属于任何交通控制区域的网络节点去。通常，这意味着在模型的旁边添加一个网络节点，并用 A 连接将所有任务执行器连接到此网络节点，然后使它们在每次仿真运行开始时进入模型。

（7）使用交通控制器调节速度。当区域非常拥挤时，也可以使用交通控制器对运输机器进行调节。随着交通控制器的容量的增加，进入的运输工具将会基于交通控制器速度表对其速度进行调节。例如，在表格中添加一行，内容为当交通控制区域的运输机含量为 3 时，则速度乘以 0.6。在此情况下，一旦交通控制区域的容量为 3 或以上时，所有运输机的最大速度将会降低到正常的最大速度的 60%。需要注意的是，只有当运输机到达网络路径的下一个节点时，速度修改才会起作用。如果在区域内拥有多个交通控制器，那么将会执行所有交通控制器的最小速度倍数。

（8）自定义交通控制区域的进入规则。用户也可以自定义交通工具的进入规则，根据此规则，交通控制器控制允许/不允许进入交通控制区域的运输工具。

（9）属性选项卡：交通控制、速度、网络节点、触发器、标签、常规、统计。

4.2.4 流体库

1. 流体混合管

（1）概述。流体混合管用来根据用户定义的百分比（非固定量），混合来自于不同的输入端口的物质。流体混合管常被用于管内混合，管内混合不需要成批地完成。

（2）详细说明。基于用户定义的一系列百分比，流体混合管接收来自于多个输入端口的物质。一旦物质进入混合管，马上输出至下游实体。用户可以定义被流体混合管释放的物质的产品 ID。混合物质的次级组成成分为拉入的物质的次级组成成分的混合物。次级组成成分的百分比是基于混合物中须含的每种输入产品的量而设定的。混合管使用的百分比可以在混合管处方表中定义。混合管中的每个输入端口在表格中均有对应的一行。除非实体被连接至混合管的输入端口，否则在属性窗口的表格中不会出现行。每个处方表的行对应两列：成分名称和百分比。成分名称应为建模者用来识别输入物质的字符串。它仅用来被建模者参考，不影响混合管的工作方式。百分比是一个 0~100 的数字，表示输入的物质中应有百分之多少来自于当前行所描述的端口。混合管可以一直按照设定的正确百分比拉入物质。每个 tick，混合器都将根据最大的输入速率，计算需要从每个端口拉入的物质量，从而填充自己。如果其中一种物质不满足需求量，那么从其他端口拉入的物质量将会减少，以保证正确的百分比。如果混合管中没有足够的可用空间，导致不能以最大的输入速率拉入物质，混合管将会降低输入速率（然而仍然维持其定义的百分比）。所以，建议混合管的最大容量至少应该是输入速率的两倍。这样就可以保证只要有物质流出，混合器就可以以最大的输入速率接收物质。因为混合器每时每刻都对单个端口的物质输入量进行控制，所以建模者无权使用最大的端口速率或者输入端口比例因子。但是，他们可以编辑实体的最大输入速率。用户可以完全控制输出速率和比例因子。他们可以使用可以触发每个 tick 的调整输出速率（adjust output rates）函数，改变这些值。通过此方式，输入速率和比例因子就可以在模型运行的过程中进行更新。

（3）状态。空：混合管内没有任何物质。混合：混合管含有接收到的已经被混合在一起的物质。阻塞：混合器已经接收到了物质，但是不能发送到下游实体。

（4）属性选项卡：流体混合管、处方、触发器、液位指示器、标签、常规、统计。

2. 流动传送带

（1）概述。使用流体传送带及其输入和输出端口，控制流体的流向。输入和输出端口可以放在传送带的任何位置。方向、速度、加速度、静安息角、传送带宽度和长度，这些因素都会影响物质在传送带中的位置、输出端口和输出时间。

（2）详细情况如下。

速度和方向：流体传送带的速度不能为负，如果改变了目标方向，那么流体传送带的速度会减少为0，然后再加速到目标速度。

波数：为了模拟流动的流体物质，用户定义物质在移动过程中一连串的波数。波数越多，分辨率越高。这也就意味着需要进行更多的计算，实现物质移动过程中的所有波度和静安息角，当然，模型的运行速度会相对较慢。

输入：定义的物质输入会覆盖一定范围的波度。传送带按每个 tick 从输入端口接收物质，这些物质会缓缓地扩散，覆盖输入范围内的那些波数。

输出：沿着传送带上的某个点，定义输出。每个输出端口都有一个"前行"（forward）和"反向"（reverse）输出百分比以及停止速率。使用百分比指定按照当前方向，通过此输出端口离开的物质的总的百分比。如果输出端口不能满足这些物质的输出，那么就会出现物质溢出到地板上（允许溢出）或者通过输出端口的现象。停止速率是指当传送带停止时，物质的输出。例如，如果停止速率为0.1，输出端口总的物质量为0.5，那么每个 tick 会有0.1的物质输出，直到没有任何多余的物质存在。

静安息角：定义物质侧表面与传送带水平面的竖直夹角。这个角度是0~90°。

静安息速率：一堆物料到达其自然的静止状态的速率（基于静安息角）。0 表示忽略静安息角。静安息指针将运行这个框中指定的次数，最后形成静安息角。

允许溢出：如果选中输入/输出选项卡上的这个选项，那么流体传送带会尝试按照定义的百分比，将物质发送到每个端口。凡是下游实体不能接收的那部分物质，都会溢出到地板上。到达了传送带末端，但是不能从输出端口流出去的那部分物质也会溢出到地板上。溢出的物质量会统计为"total amount of material spilled"（溢出的物质总量）。

传感器：与储存箱中的标记类似，可以沿着传送带在任何地方添加传感器。当传感器作业区间的峰值高度或者总体积达到一定的程度时，触发这些传感器。每个传感器都有一个起始点和一个结束点。这是传感器参考的作业范围。可以指定每个传感器的最低值、中间值和最高值。当流量越过这些值的时候，触发传感器触发器。

（3）状态。流动释放：当流体传送带停止抖动时，它里面的物料停止移动，但是处在传送带末端的物料仍然会从输出端口离开或掉下去。释放：传送带把物质运送到下游，没有额外的物质进入。收集：传送带正在收集物质，没有物质输出。非空：传送带已经停止，没有进入或离开的物质。空：传送带正在运送，但是它里面没有物质。空闲：传送带停止，里面没有物质。运送中：物质正在以大于0的速度沿着传送带移动。

（4）属性选项卡：流体传送带、输入/输出、传感器、触发器、标签、常规、统计。

3. 流体发生器

（1）概述。流体发生器向模型提供无限制的流体物质供应。可以将流体发生器设置成以固定速率进行填充（填充速率可以高于或者低于输出速率）或者设置成在完全变空之后进行一定时间的填充。

（2）详细说明。流体发生器用来为模型创造流体物质。建模者定义流体发生器的容量以及模型在重置时，流体发生器内所含的物质量。用户也可以定义产品 ID 和定义初始产品的次级组成成分。流体发生器生产流体物质的方式有两种。第一种方式是使用建模者定义的常量速率。这种速率可以比实体的输出速率更快或者更慢。如果它比输出速率快，那么流体发生器就会一直处于满的状态。如果常量速率比输出速率慢，那么流体发生器最后将会变空。即使流体发生器变空，仍会在下一个 tick 时制造物质，但是下游实体有可能不可以以最大速率接收。制造流体物质的第二种方式是在流体发生器变空一段特定的时间后，马上注满。建模者可以等待时间长度。此方式适用于对通常具备可用物质，但是会出现物质短缺的特殊情况的模拟。例如，此技术可以用于模拟装满原材料的每天到达一次的卡车。建模者可以控制所有影响流体发生器的输出速率的速率变量和调整输出速率函数。此函数触发每个 tick，从而建模者可以在模型运行的过程中改变输出速率。建模者不可以使用用于控制输入速率的变量，因为从来没有物质会输入到流体发生器里。

（3）状态。空：流体发生器里面没有物质。非空：流体发生器内有物质。满：已达到流体发生器的最大容量。

（4）属性选项卡：流体发生器、触发器、液位指示器、标签、常规、统计、流体发生器。

4. 流体混合器

（1）概述。流体混合器用于将不同的产品合成一种新产品。不同的物质既可以以前后顺序输入，也可以并列输入。流体混合器通常成批地工作。它只有接收和加工完成预先设定的所有物质后，才会释放内部的物质。

（2）详细说明。流体混合器将来自于不同的输入端口的物质混合在一起。建模者可以定义被混合器释放的物质的产品 ID。混合物的次级组分是输入物质的次级组分的混合物。次级组分的百分比是基于来自于每个输入端口的物质量占混合物的比例设定的。

建模者可以定义一系列混合器将要执行的步骤。这些步骤是通过步骤表来设置的。每个步骤可以同时从 0 个或多个输入端口中拉入物质。用户还可以定义延迟时间，延迟时间在当前步骤已经收集完所有的物质后开始计算。下一个步骤只有在延迟时间结束后才会执行。另外，用户可以使用两个触发器，第一个触发器在当前步骤延迟时间之前触发，第二个触发器在当前步骤延迟时间之后（但是在下一个步骤开始之前）触发。触发器具有在延迟时间过程中调用操作员执行工作等类似的用途。用户可以在表格中对每个步骤进行文本描述。文本描述可以显示在模型视图窗口中的实体名称旁边，它不影响实体的仿真行为。

建模者使用混合器的处方表对输入的物质量进行定义。表格中的每行代表在单个步骤中来自于单个输入端口的物质量。每行包含四列：成分名称、端口号、步骤号、物质量。成分名称用来对当前行拉入的物质进行描述，仅为了方便建模者使用，因为混合器将会忽略此值。端口号是物质被拉入混合器所通过的输入端口。一旦混合器完成指定行所定义的物质量，就会停止此行的物质输入，即使属于同一步骤的其他行还没有完成物质输入。物质量是在指定的步骤过程中，通过指定的端口输入的实际物质量。

如果不同的物质具有相同的步骤号，那么这些物质将会平行输入。如果它们属于不同的步骤，那么将会以序列的方式输入。建模者可以建立一份处方表，将一些成分平行拉入，将另一些成分以前后顺序的方式拉入。Flexsim 对步骤数或者成份的种类数量没有限制，对单个步骤中可以被拉入的成分量也没有限制。在执行单个步骤的过程中，对成分的数量没有限制。如果建模者希望在不同的步骤中，物质从同一个输入端口进入，就必须在处方表中对多行进行定义。

因为混合器在任何时候都对物质进入所通过的端口实施控制，所以建模者不可以调整输入端口比例因子。但是，他们可以编辑实体的最大输入速率和最大端口速率。用户需要确认最大的实体速率足够高，以保证如果处方表要求，物质可以从多个端口进行输入。一旦最后一个步骤后的延迟完成，用户就可以对输出速率和输出比例因子进行控制。建模者可以通过调整输出速率函数改变这些数值。只有当混合器完成所有物质的收集后才可以执行此函数。一旦混合器完成物质收集和单批加工，此函数就会在每个 tick 被调用。如果混合器仍在执行步骤表格，那么此函数将不会被调用。

混合器在加工的过程中，可以提供被接收物质的可视化显示功能。只有在最后一个步骤的延迟时间执行完毕后，液位显示器才能显示出混合器的颜色。在最后的延迟时间之前，液位指示器会出现多种颜色层。每个颜色层代表处方表中的一种成分。每个颜色层的尺寸代表当前成分的输入总量的百分比。多色工具条是显示混合器在任何给定时间工作的最好的液位指示器。

（3）状态。空：混合器内没有任何物质，正在等待开始。填充：混合器正在执行当前步骤，接收物质。等待填充：混合器没有执行完毕步骤表，但是已经没有可以被输入的物质。释放：混合器已经完成步骤表的执行，正在将已被加工的产品发送到下游实体。阻塞：混合器已经完成步骤表的执行，但是不能将物质发送到下游实体。

（4）属性选项卡：混合器、步骤、触发器、液位指示器、标签、常规、统计。

5. 输送管

（1）概述。输送管用来模拟物质在两个实体之间移动所花费的时间。它可以以圆柱管道的形状出现，也可以作为简单的传送带形式使用。

（2）详细说明。输送管从模型中的一个位置输送物质至另一个位置。通常，当用户考虑到物质在实体之间移动所需的时间时，会用到输送管进行模拟。如果建模者需要实现将物质从多个输出端口移动至一个输入端口，或者将物质从一个输出端口分批移动至多个输入端口，也会用到输送管道。

建模者可以指定输送管的最大容量和最大流动速率。物质穿梭于输送管所需要的时间也是以这两个值为基础。最大流动速率可用作最大的输入速率和输出速率。实际的输出速率是以物质进入输送管道的速率为基础的。物质输出输送管的速率与进入输送管的速率相同，除非发生堆积的现象。如果其中一个输出端口没有接收到应该被输出的所有物质量，运送管中的物质就会发生堆积，在下一个 tick 的过程中，就会有更多的物质等待输出。

就输出流动模式而言，建模者有三种方式可供选择。第一种流动模式称为"平缓流动"。在这种模式下，输送管会尝试在输出端口之间平均分配输出速率。第二种流动模式称为"第一个可用"。在这种模式下，输送管将尝试将准备输出的所有物质输送至第一个可用的输出端口。如果第一个可用输出端口不能接收所有的物质，输送管将会尝试通过第二个端口输出，依次循环。第三种模式称为"用户自定义"。在此模式下，用户可以对最大端口输入速率和最大端口输出速率以及端口比例因子进行编辑。建模者也可以使用调整输入速率（adjust input rates）和调整输出速率函数。与其他的流体实体不同的是，实体的输入速率和输出速率为只读，不能通过使用这两个代码区域对其进行修改。

虽然输送管没有液位指示器，但是当它处于不同的状态的时候会出现一些不同的视觉指示。当输送管为空时，它会显示成固定的灰色。当有物质在输送管中移动时，它会变成用户指定的颜色，但是颜色时浅时深。当输送管道发生堵塞从而不能输送物质时，显示为指定颜色，不会再发生任何改变。

建模者可以通过输送管的布局表来编辑输送管的形状。表格中的每行代表输送管的一个笔直节段。建模者可以对节段的长度和直径进行定义，也可以指定输送管的下一个节段将会沿着 z 轴和 y 轴旋转的角度。可以通过表格中的显示连接点（show joint）列，来设定是否显示两个阶段的连接点。通过编辑表格，建模者可以实现想要的输送管的任何形状。建模者还可以通过选择显示为传送带复选框，将输送管显示为简单的传送带。当将输送管显示为传送带时，仍然会执行布局表格中的设置，只是两个阶段之间的显示连接现象被忽略。

（3）状态。空：输送管中没有物质。填充：输送管正在接收物质，但是当前还没有物质被输出。等待填充：输送管中含有一定量的物质，但是当前没有输出或者接收。流动：输送管中的物质正在输送至下游实体。阻塞：输送管中含有物质，但是不能成功输送至下游实体中，输送管中的物质发生阻塞。

（4）属性选项卡：输送管、布局、触发器、标签、常规、统计。

6. 流体处理器

（1）概述。流体处理器用来模拟连续接收和输出流体物质的加工步骤，如连续蒸煮器。

（2）详细说明。流体处理器是在建模者指定的一个总速率的基础上接收和输出物质的。建模者指定处理器的最大输出速率，此值也决定输入速率。实际输出速率是以物质进入实体的速率为基础的。物质离开实体与进入实体的速率相同，除非由于某种原因，输出速率会变低。例如，下游实体关闭了它的输入端口或者发生故障。如果此种情况发生，处理器中的物质将会发生累积，当下游实体准备接收更多物质的时候，处理器就会输出更多物质。一旦下游实体接收到所有的累积物质，输出速率就会重新变成输入速率。物质在处理器中花费的时间是由处理器的最大输入速率和它的最大容量决定的。

建模者也可以指定处理器的损失值。此值的取值范围从 0 至 1，代表机器效率低、蒸发或者其他原因造成的物质损失量的比率。此值设定后，物质任何时候进入处理器，物质量都会马上减少。

与其他实体不同的是，处理器在每个 tick 的过程中，只能从某一个端口输入物质，发送物质至某一个端口。处理器拥有"接收端口号""目标端口号"等函数，主要用来决定将被使用的端口。如果这两个值返回 0，第一个含有物质的输入端口或者第一个有可用空间的输出端口将被使用。如果返回其他值，处理器将会使用指定端口号的输入端口和输出端口，这两个函数用于后者较多。

（3）状态。空：处理器中没有任何物质。加工：处理器内含有物质，正在尝试将其输送至下游实体，或者加工时间不够，以至于还没有将其输送出去。阻塞：处理器内含有物质，但是不能被输送至下游实体中。

（4）属性选项卡：流体处理器、触发器、液位指示器、标签、常规、统计。

7. 分解管

（1）描述。分解管根据建模者指定的百分比将物质输送至多个输出端口。百分比的设定可以在分解管百分比表格中完成。表格中的每行对应一个输出端口。建模者可以在表格的列中对进入每个端口的物质进行描述（仅供建模者使用），定义从每个端口输出的物质量的百分比（0~100）。分解管输出物质时，将会一直执行用户设定的百分比。如果分解管不能发送所有的物质，它将会降低发送到所有输出端口的物质量，以保证按照设定的百分比输出。使用调整输入端口（adjust input ports）函数，建模者可以对输入速率和比例因子实施全面控制。他们也对输出速率进行控制。根据需要，实体可以自行对端口输出速率和比例因子进行调整。需要注意的是，如果下游实体已满或者接近满的状态，那么流体分解管有可能不会对输出物质量进行正确的调整。由于运算时间的原因，分解管会假设下游实体没有足够的空间来存储其将要输出的物质，尽管下游实体将释放所有物质以保证接收分解管中的物质的空间。

（2）概述。分解管将会按照建模者设定的百分比，将物质输送至多个输出端口。

（3）详细描述。分解管通过正常方式接收物质，通过不同的方式将其输出。它按照建模者在分解管百分比表格中设定的百分比输出物质。只有当分解管与下游实体连接时，属性窗口中的百分比表格才会显现出来。表格中的每行对应实体的每个输出端口，表格总共分为两列：描述列和百分比列。描述列为文本字串，用来对发送至当前行输出端口的物质进行描述，它对于实体不起任何作用，仅是为方便用户。百分比列的取值是 0~100，代表输出到当前端口的物质所占输出总量的百分比。

每个 tick，分解管都会基于速率和容量，统计应该被输送到下游的每个实体的物质量。如果其中一个下游实体没有足够的空间接收分解管所统计的物质量，分配到每个端口的物质量都会减少以保证百分比的正确性。

由于分解管在任何时间都对进入每个端口的物质量进行控制，所以建模者不需要使用最大的端口速率和输出端口比例因子。但是，他们可以编辑端口的最大输出速率。用户可以对输入速率和输入比例因子实施控制。他们可以使用调整输入速率函数改变这两个值，此函数每个 tick 都会触发一次。这就允许在模型运行的过程中，更新分解管的输入速率和输入比例因子。

（4）状态。空：分解管中没有任何物质。非空：分解管中含有可以被输出的物质。

（5）属性选项卡：分解管、百分比、触发器、液位指示器、标签、常规、统计。

8. 储存箱

（1）概述。流体储存箱是一个简单的流体实体，可以同时接收和发送物质。建模者可以决定储存箱的最大容量和设定三个液位点（称为标记），当储存箱内的物质达到这些标记时，就会触发触发器。

（2）详细描述。流体储存箱是最普通的流体实体。它同时接收和输出物质。建模者可以使用它控制输入和输出速率的变量。用户也可以使用另外两个函数对速率进行控制，调整输出速率和调整输入速率函数，在每个 tick 结束时触发。在模型运行过程中，可以使用这两个函数改变输入速率和输出速率值。

在开始一个模型时，储存箱若为空，也可为之设定初始物质量。如果设定了储存箱的初始容量，那么在每次模型运行的过程中，它只能创造设定的初始物质量。但是，它也可以继续接收来自于上游实体的物质。在对固定物质量进入模型模拟时，尤其用到设定固定初始物质量。如果建模者希望源源不断的物质输入模型中，他们可以使用流体发生器代替。

建模者可以定义储存箱的最大容量。储存箱容量将永远不会超过最大容量值。如果在一个 tick 结束时，Ticker 统计出储存箱应接收的物质量超出它的当前最大容量空间，那么只有设定的物质量才可以被输入储存箱中。建模者可以定义三个液位点，当储存箱中的物质容量达到这些液位点时，触发器就会被触发。这三个点称为标记。储存箱中的物质任何时候超过（上升或下降）三个液位点中的一个时，触发器都会被触发。用户可以使用触发器实现打开或关闭端口、发送命令、改变速率和很多其他的功能。如果两个或多个标记被设定为相同的值，则只有其中一个标记的触发器将被触发。例如，如果最低标记中的中间标记都被设定为 10，那么当储存箱中的容量由 9 改变为 10 的时候，只有最低标记的触发器被触发。

（3）状态。空：储存箱中没有物质。非空：储存箱中含有部分物质。满：已经达到储存箱的最大容量，它将停止接收来自上游实体的物质，除非输出一些物质。

（4）属性选项卡：储存箱、标记、触发器、液位指示器、标签、常规、统计。

9. 流体吸收器

（1）概述。流体吸收器用来销毁模型中加工过的物质。

（2）详细说明。流体吸收器用来将没有转换成临时实体的流体物质移出模型。在一些约束条件下，流体吸收器可以记录接收到的每种不同类型的物质量。它只可以记录 14 种不同的产品 ID。产品 ID 应为整数，1 或大于 1。每种产品 ID 的统计数据显示在属性窗口统计选项卡中的类型统计模块中。

用户可以控制流体吸收器的输入速率,包括每个 tick 都会触发的"调整输入速率"的函数。此命令用于在模型运行的过程中改变输入速率和比例因子。建模者不可以控制输出速率,因为它接收到的所有物质均被销毁,不能发送到下游实体。

(3)状态。收集:因为流体吸收器一直接收物质,永远不满,所以它永远处于收集的状态。

(4)属性选项卡:流体吸收器、触发器、液位指示器、标签、常规、统计。

10. 实体转换器

(1)概述。实体转换器是用于在流体实体和离散实体之间进行转换的一种实体。它接收到流体,然后可以将其转换成临时实体,输送至下游实体中。

(2)详细说明。实体转换器是用于将流体转换成临时实体,然后输送至固定实体的工具。建模者为创造的临时实体选择形状,默认临时实体类型和名称。建模者还可以指定生产一件临时实体所需要收集的流体物质量,这可以通过编辑两个值完成。第一个值为每个离散单位所需要包含的流体量,第二个值为每件临时实体所包含的离散单位数。在生产临时实体之前所需要收集的物质量可以通过两个值相乘得到。例如,单件临时实体代表 20 个金属容器,每个金属容器可以装 20 加仑流体,每个临时实体的离散单位数应该设置为 20,每个离散单位所包含的流体量为 5,所以只有收集到 100 加仑后,才会产生一件临时实体。

一旦临时实体被创造,标准的发送至端口逻辑将会启动,用来将临时实体发送至下游实体。也就是说实体转换器可以将临时实体输送到任何的离散实体,或调用操作员执行运输的操作。用户还可以使用图形用户界面和调整输入速率函数改变最大的实体输入速率、最大端口输入速率和端口比例因子,定义实体转换器的输入端口的工作方式。

(3)状态。空:实体转换器内没有物质。阻塞:实体转换器内含有物质,但是不能将其输送至下游实体。收集:实体转换器正在收集物质。

(4)属性选项卡:实体转换器、实体流、液位指示器、标签、常规、统计。

11. 流体转换器

(1)概述。流体转换器是用来在流体实体和离散实体之间相互转换的工具之一。它接收临时实体,然后将其转换成流体物质。

(2)详细说明。流体转换器是离散实体和流体实体相互转换的工具之一。当它接收到一个临时实体时,将其毁坏变成流体输送到任意其他一个流体实体。制造出的流体量是基于建模者指定的两个值。第一个值为单个离散单位可生成的流体量。第二个值为单个临时实体所包含的离散单位数,通常此值为 1,但是建模者经常使用一个临时实体代表多个物理实体。这种情况下,此值应该设置为单个临时实体所代表的实体数。两个值相乘即可得出进入的每个临时实体可以产生的流体量。例如,单个临时实体可能代表 10 袋,每袋装有 25 磅的流体物质。在此案例中,单个临时实体的离散单位数应设置为 10,每个离散单位的流体单位数为 25。每一个进入流体转换器的临时实体都可以转换成 250

磅的流体。

建模者可以定义流体转换器的最大容量。如果转换器中没有足够的空间容纳一个临时实体所制造出的流体物质量，那么实体将不会接收任何临时实体。建模者也可以定义产品 ID、制造和输出的物质的次级组分。

进入实体的临时实体可以使用标准固定实体拉入逻辑进行控制。建模者也可以对流体输出实施完全的控制。他们可以使用图形用户界面和调整输出速率函数来编辑最大实体速率、最大端口速率和端口比例因子。

（3）状态。空：流体转换器中没有任何物质。非空：流体转换器中包含还没有被输出的流体物质。满：已经达到流体转换器的最大容量。

（4）属性选项卡：流体转换器、实体流、触发器、液位指示器、标签、常规、统计。

12. Ticker

（1）概况。Ticker 的主要工作是将时间分成小的、相同间隔的单位"ticks"。建模者可以定义每个 tick 的长度。Ticker 用来控制模型中的所有流体实体。由于此原因，凡是含有流体实体的模型均拥有一个 Ticker。建模者也可以使用 Ticker 定义组成模型中的流体物质的次级组分的全局表。

（2）详细说明。任何使用流体实体的模型必须拥有一个 Ticker，且必须命名为"The Ticker"。建模者可以通过从实体库中将 Ticker 拖拽到模型视图窗口中来创建它。但是，这个步骤经常会被忽略，所以在模型没有 Ticker 的情况下，当建模者向模型中拖拽任意一个流体实体时，就会自动创建一个 Ticker。如果建模者试图创建另外一个 Ticker，就会弹出一条警告消息，提示模型中已经有一个 Ticker 存在，新 Ticker 应该被删除。

尽管建模者不能通过视觉了解 Ticker 的很多工作，但是它是非常重要的"幕后工作者"。它负责在每个 tick 结束时，统计流体实体间输送的物质量。当模型重置时，Ticker 建立一个含有模型中所有流体实体的列表。列表中的实体以上游流体实体的多少和下游流体实体的数量进行排序。在每个 tick 结束时，Ticker 从最远的下游实体开始计算它在这个 tick 中接收到的物质量，然后它统计倒数第二个下游实体接收到的物质量，以此类推，直到它统计到模型中流体的起源实体。

建模者仅可以改变 Ticker 的几个值。其中最重要的可以被改变的值为时间。它是流体实体进行前后两次更新时，Ticker 将要等待的时间。当模型运行时，一个非常短的 tick 时间会导致大量的事件触发（每个 tick 最小值为 1），也可能导致模型的运行速度变慢。在很多情况下，tick 也可以提高流体实体行为的精确性。较长 tick 时间通常可以提高模型的运行速度，但是会导致精确度不够的后果。找到模型的速度和精确性的最佳平衡是建模者的责任。

建模者也可以使用 Ticker 定义组成模型中流体物质的一系列次级组分。每种次级组分都应该被命名，这些名字是为了帮助建模者理解模型正在进行的操作，它们对模型的行为和精确性没有任何的影响。所有流体物质拥有相同的次级组分列表。但是不要求任何给定物质都使用所有次级组分。流体实体可以记录它们当前正在加工的物质的次级组分百分比。如果来自于不同的两个发生器的流体物质混合在一起，次级组分的百分比将会相应地进行调整。用户可以定义的次级组分的数量是没有限制的，仅需要记住的是此列表应用于所有的流体。

（3）状态。空闲：Ticker永远处于空闲的状态。

（4）属性选项卡：Ticker、触发器、标签、常规、统计。

第 5 章　物流仿真实验

实验 1　带返工的产品制造系统仿真与分析

1. 学习内容

（1）如何建立一个简单布局。
（2）如何连接端口来安排临时实体的路径。
（3）如何在Flexsim实体中输入数据和细节。
（4）如何操纵动画演示。
（5）如何查看每个 Flexsim 实体的简单统计数据。

新实体：
在本课中将学习发生器、暂存区、处理器、检测器和吸收器实体。
预计完成时间：
完成本课大约需要 60 分钟。

2. 模型描述

某工厂制造三种类型产品的过程。在仿真模型中，我们将为每种产品关联一个临时实体类型的数值。这三种类型都间隔地从工厂其他部门到达。模型中还有三台机器，每台机器加工一种特定的产品类型。产品在它们各自的机器中完成加工后，必须在一个共享的检验站中检验三种类型产品的正确性。如果它们的制造完好，就被送到工厂的另一部门，离开仿真模型。如果发现制造有缺陷，则必须送回到仿真模型的起始点，被各自的机器重新处理一遍。概念模型如图 5.1 所示。

此模型需要思考的问题：
（1）该模型的瓶颈是什么？
（2）该检验设备是否导致其他三台加工机器前的实体堆积？
（3）是否会因为三台加工机器不能跟上检验设备的节奏而使之空闲等待？
（4）两台机器之间的缓冲空间是否必要？

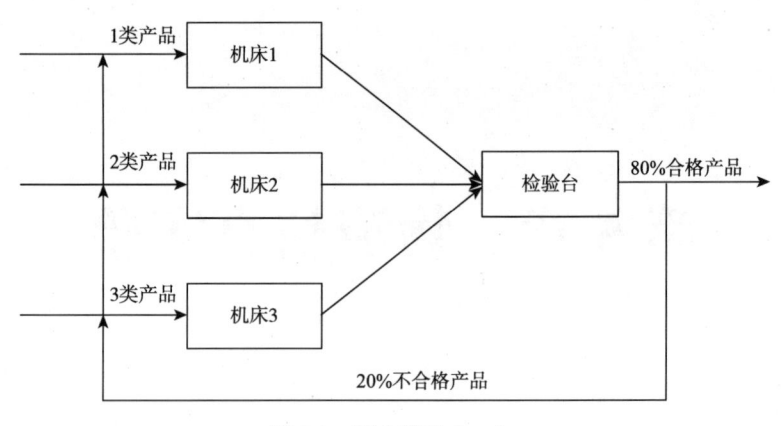

图 5.1　概念模型（一）

系统数据：

（1）产品到达：平均每6秒到达一个产品，到达间隔时间服从指数分布。
（2）产品加工：平均加工时间12秒，加工时间服从指数分布。
（3）产品检测：固定时间5秒。
（4）产品合格率：80%。

3. 建模步骤

首先在计算机桌面上双击 Flexsim 图标打开应用程序。软件装载后，将看到 Flexsim 菜单和工具按钮、库以及视图窗口，如图 5.2 所示。

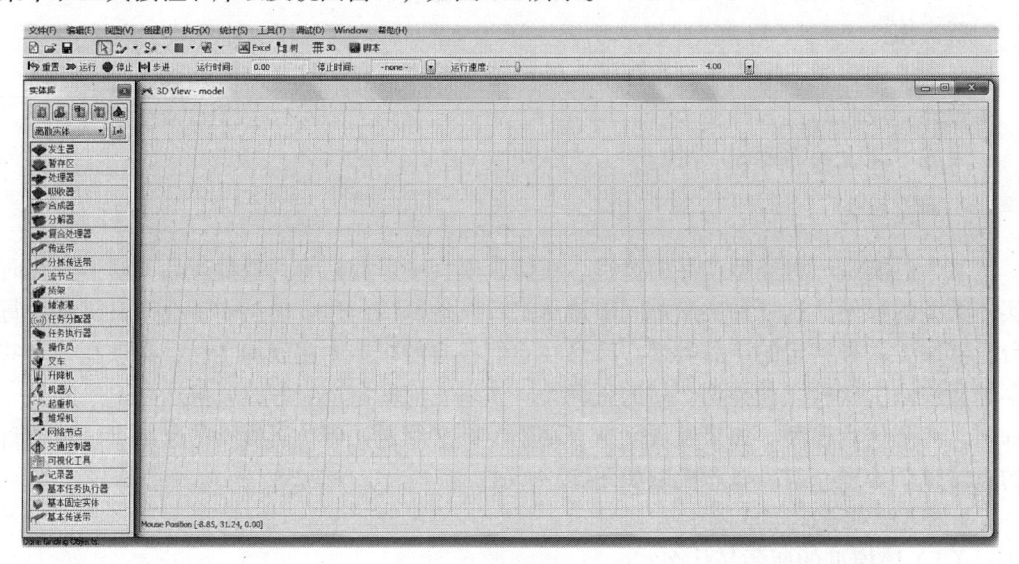

图 5.2　视图窗口（一）

第一步：创建实体

创建一个发生器，命名为发生器。从库中拖出 4 个处理器、2 个暂存区、1 个吸收器到视图中。修改图中实体的名字，如图 5.3 所示。

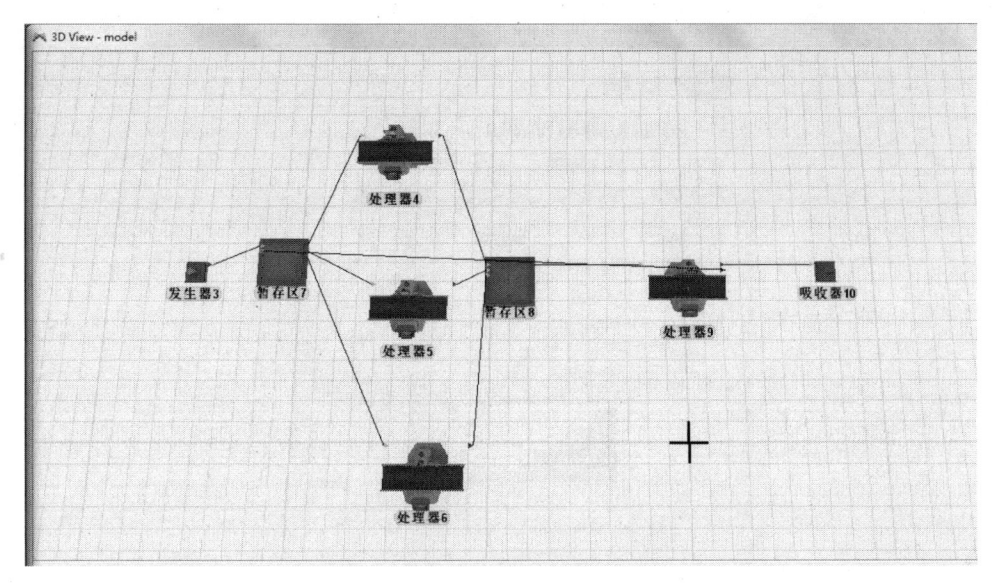

图 5.3 实体连接

第二步：端口连接

点击按钮或者按住 A 键进入连接模式。进入连接模式后，有两种连接方式可以用来连接两个实体。一种方法是单击一个实体，然后单击另外一个实体。另一种方法是点击一个实体，将其拖动至另外一个实体处。需要注意的是，连接方向将会直接影响到临时实体的流动方向，因为临时实体会从连接的第一个实体流向被连接的实体。另外，点击按钮或按下 Q 键，使用与连接相同的方式即可断开连接，如图 5.3 所示。

（1）发生器与第一个暂存区连接。

（2）把暂存区与处理器1、处理器2、处理器3分别连接。

（3）处理器1、2、3 与第二个暂存区连接。

（4）第二个暂存区连接处理器 9。

（5）处理器 9 与最后吸收器连接。

第三步：指定到达速率

对于这一模型，我们将改变到达时间间隔与临时实体类型从而产生三种不同的产品类型进入系统。

（1）双击发生器，打开其属性窗口。

（2）点击发生器选项卡，在到达时间间隔下拉列表中选择统计分布。代码模板窗口和建议性窗口弹出。

（3）点击建议性窗口中的分布函数"exponential"选项，将蓝色文本修改为"统计分布：exponential（0.0，6.0，0）"。这种到达速率是表明平均每 6 秒到达一个新产品，如图 5.4 所示。

下面需要为临时实体指定一个实体类型，使进入系统的临时实体的类型服从 1~3 均匀分布。最好的做法是在发生器的"创建触发器"中改变实体类型，所以先不要关闭参数窗口。

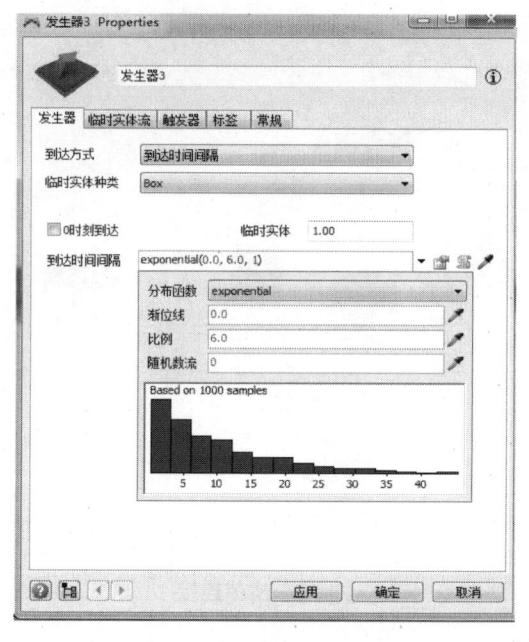

图 5.4　发生器设置（一）

第四步：设置临时实体的类型及颜色

选择发生器的触发器分页。为离开触发器（点击+按钮）增加一个函数。首先打开离开触发器下拉菜单，在下拉菜单中选择"设置临时实体类型和颜色"，弹出代码模板窗口。离散均匀分布与均匀分布相似，但返回的不是给定的参数之间的任意实数值，而是离散整数值。默认的文本此时可以直接引用于此案例，如图 5.5 所示。

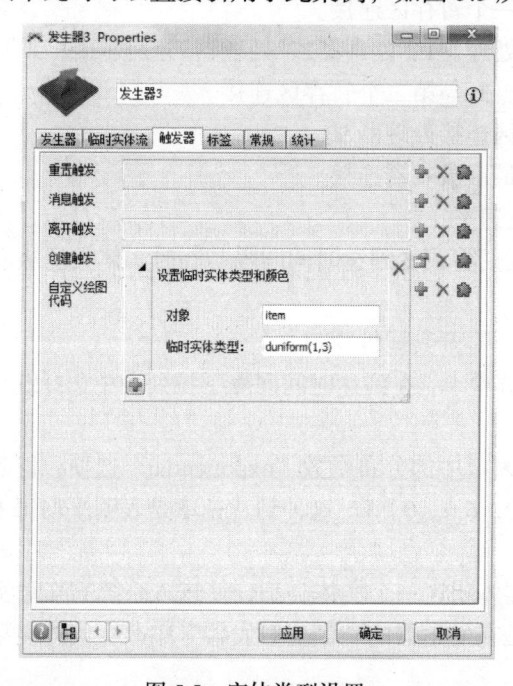

图 5.5　实体类型设置

下一步是详细设定暂存区参数。由于暂存区是在临时实体被处理器处理之前存放临时实体的场所，因此需要做两件事。首先，需要设定暂存区最多可容纳10 000个临时实体的容量。其次，设定临时实体流选项，将类型1的实体发送到处理器1，类型2的实体发送到处理器2，依次类推。

第五步：设定暂存区容量

（1）双击第一个暂存区Queue1，打开参数窗口。

（2）将最大容量改变为10 000。

（3）不要关闭参数窗口，如图5.6所示。

图 5.6　暂存区容量设置

第六步：设定暂存区的临时实体流

在暂存区的参数窗口中，点击临时实体流选项卡，设置临时实体流选项。

在发送至端口列表中选择"指定端口"，如图5.7所示。

图 5.7　暂存区参数设置

　　由于我们已经分配实体类型号为 1、2、3，就可以根据不同的临时实体类型分配不同的端口号。请注意，默认的输出端口是 getitemtype（item），请不要修改。通过此参数设置，处理器 1 应连接到端口 1，处理器 2 应连接到端口 2，依次类推。在窗口之外点击即可应用此触发器。点击"确定"按钮关闭暂存区的参数视窗。

　　第七步：设定处理器的加工时间

　　双击第一个处理器就会出现其参数视窗。

　　（1）点击处理器分页，在加工模块中选时间下拉菜单中的统计分布，弹出代码模板窗口，附带打开可供选择的建议性窗口，如图 5.8 所示。数据如下。

　　（2）统计分布：exponential（0.0，12.0，1）。

　　（3）对于其他两个处理器，重复以上两步操作。

　　这个设置的原因是：每个产品的加工时间是 12 秒钟，加工时间服从指数分布。

　　第八步：详细设置第二个暂存区

　　（1）双击第二个暂存区，打开属性窗口。

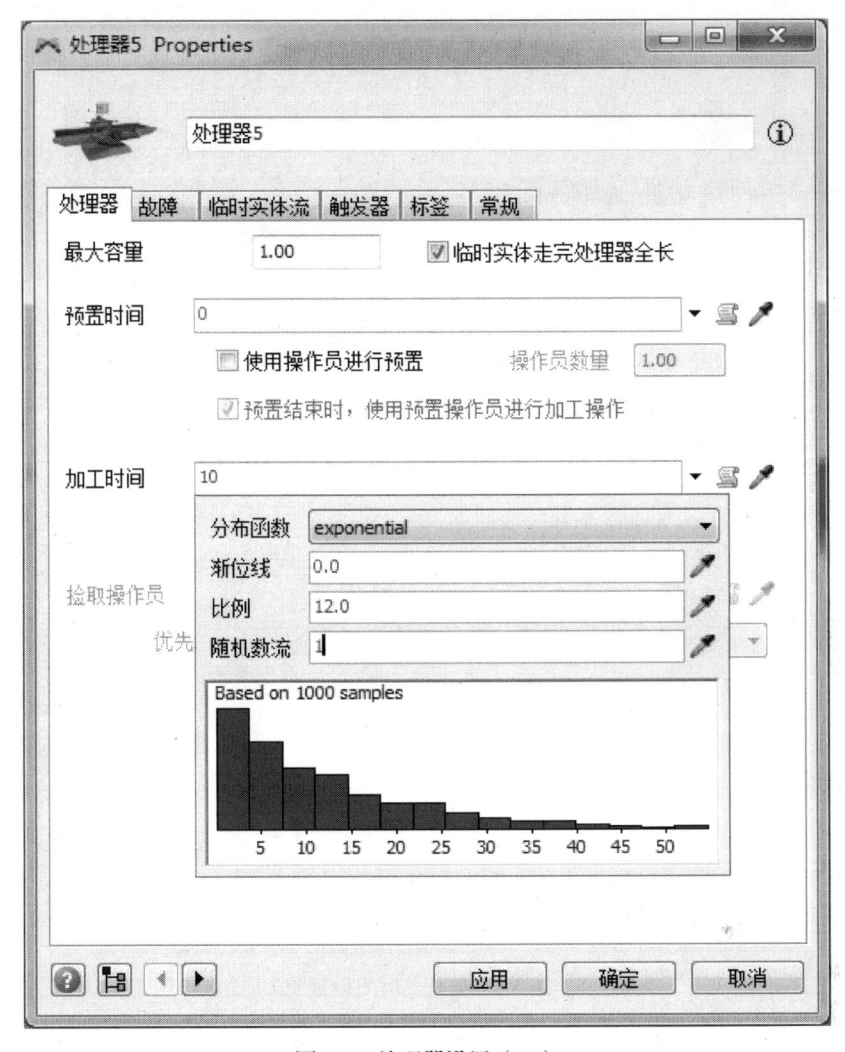

图 5.8　处理器设置（一）

（2）在暂存区标签上把最大容量改成10 000。

（3）点击"确定"关闭窗口。

第九步：设置检验站处理时间

（1）双击检验站，打开属性窗口。

（2）在处理器标签上的加工模块中选择"加工时间"菜单下指定选项，弹出代码模板窗口，把加工时间改为5，如图5.9所示。

第十步：设定检测站的路径分配

现在需要设置该检验站将劣质产品送回到模型的开始端，将合格产品送到吸收器。在建立该实体的连接时，应首先将该实体连接至吸收器，然后将它连接回第一个暂存区。这个顺序可以使第一个输出端口连接到吸收器，第二个输出端口连接到暂存区。

点击该检验站的"临时实体流"分页，在"输出"面板中"发送至端口"下拉菜单下选择"按百分比"选项，如图5.10所示。

图 5.9　处理器时间设置

这种设置方法可以使 80%的产品（合格产品）流向端口 1 并流入吸收器，20%的产品（残缺产品）通过端口 2 流向第一个暂存区。所有端口的总的百分比不得超过 100%。

此外要对已通过检验站并已被送回第一个暂存区的实体进行可视化。点击检验站的参数视窗中的"触发器"分页。在"离开触发"的下拉框中选择"设置临时实体颜色（也可使用数值）"选项，弹出模板窗口，附带一个简易型窗口。然后双击下拉菜单中的 colorblack（item），如图 5.11 所示。

第十一步：重新设置和运行模型

点击"主视窗重置"按钮。对模型进行重置可以确保所有系统变量被设置回初始值，并将模型中所有临时实体清除。

选择"主视窗运行"按钮，现在模型开始运行。临时实体从第一个暂存区开始移动，进入 3 个处理器中的一个，然后到第二个暂存区，再进入检验站，并从这里进入吸收器，也有一些被重新发送回第一个暂存区。被发回的实体将变成黑色，如图 5.12 所示。

图 5.10　处理器端口设置

图 5.11　处理器触发设置

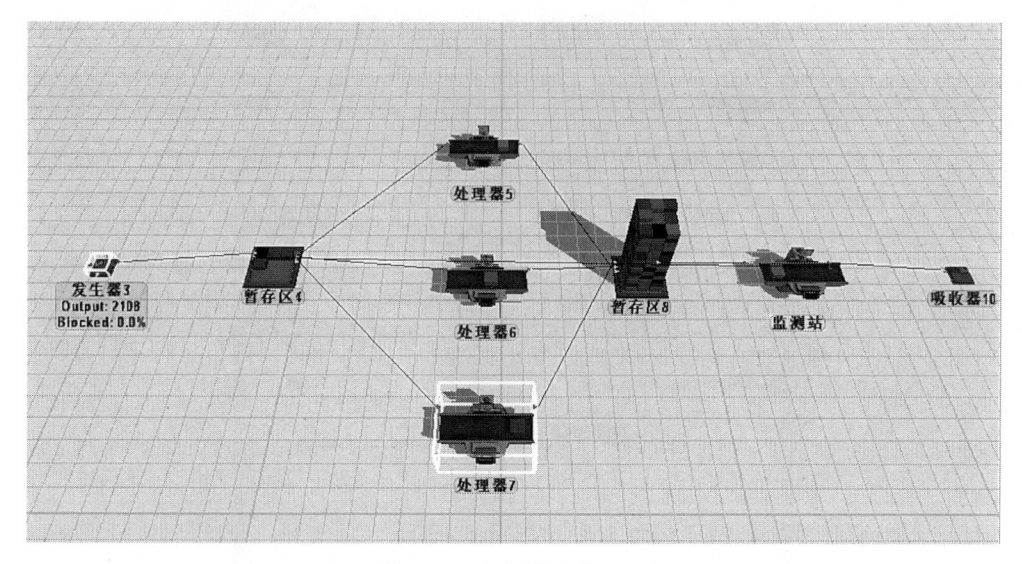

图 5.12 实体模型（一）

要停止模型运行，可随时按"停止"按钮。后面将学到如何按特定时间长度和特定重复次数来运行模型。当模型定义中用到随机分布时，多次运行模型是很重要的。

要加快或减慢模型运行速度，可左右移动视窗顶部的运行速度滑动条，如图 5.13 所示。

图 5.13 运行速度滑动条

移动此滑动条能改变仿真时间与真实时间的比率，而且完全不会影响模型运行的结果。现在已经完成了建模过程。

4. 思考题

大家思考一下：该模型存在什么问题？如何解决这些问题呢？试分析说明。

实验 2　基本的统计工具添加与分析

1. 学习内容

（1）如何添加3D曲线图来显示暂存区的当前数量。
（2）如何添加3D直方图来显示暂存区的等待时间。
（3）如何添加3D饼状图来显示每个操作员的状态。
（4）如何添加3D可视化文本来显示输送机暂存区的平均等待时间。
（5）如何安排曲线图、图表、文本的位置以取得最好的视觉效果。

新实体:

本课将介绍可视化工具和记录器实体。

预计完成时间:

完成本课大约需要 40 分钟。

2. 建模步骤

在上一节课的模型基础上进行添加。

第一步:装载模型 2

打开上一个模型。

第二步:打开统计收集选项

点击"文件"主菜单下的"另存为"子菜单,用新名字保存模型。按下 Shift 键,选择所有实体,选择"统计>实体图形数据>打开选中实体",如图 5.14 所示。

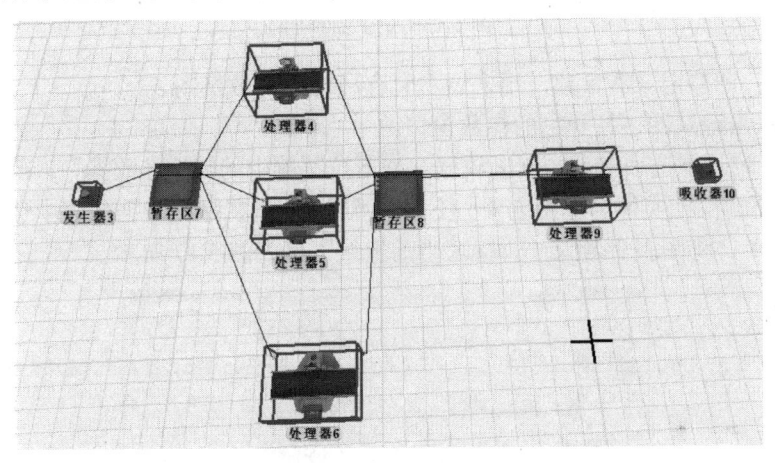

图 5.14 实体示例(一)

要显示直方图与当前数量图,必须打开统计收集。一旦统计收集被打开,在实体周围将会出现绿色窗口,这些实体就可以进行统计记录。点击"统计>实体图形数据>隐藏绿色指示框"可以隐藏绿色窗口,如图 5.15 所示。

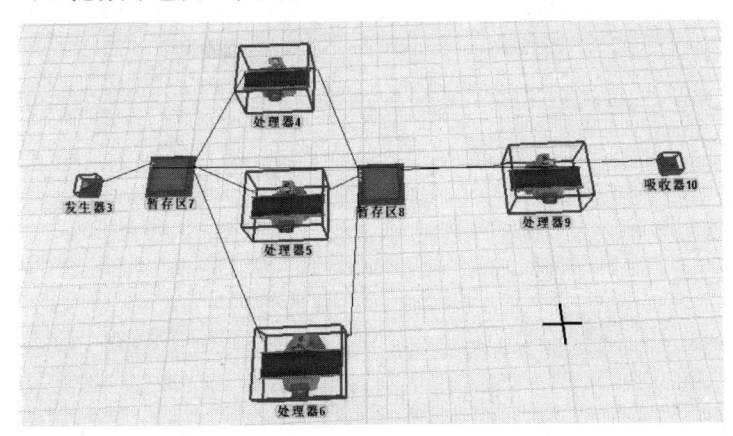

图 5.15 实体示例(二)

第三步：添加一个记录器来显示暂存区的当前数量

拖动记录器到工作区，放置在发生器的左上角，如图 5.16 所示。

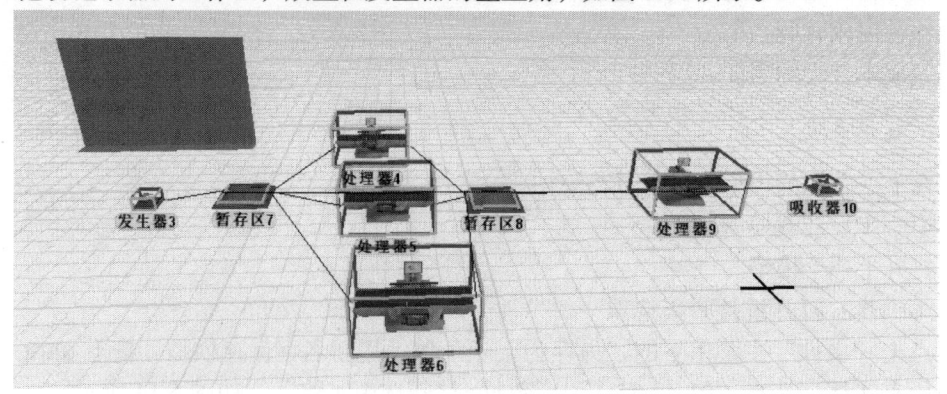

图 5.16　记录器添加

第四步：调整记录器参数，用来展示暂存区的当前数量图表

（1）双击记录器，打开它的参数窗口。

（2）在记录器选项卡上，点击数据类型下拉菜单中的"标准数据"，在列表下方弹出标准数据选项。在实体名称列表中，任意选择暂存区。在捕捉数据列表中选择"容量"。在标准标题中，将图表命名为"暂存区当前容量"，如图 5.17 所示。

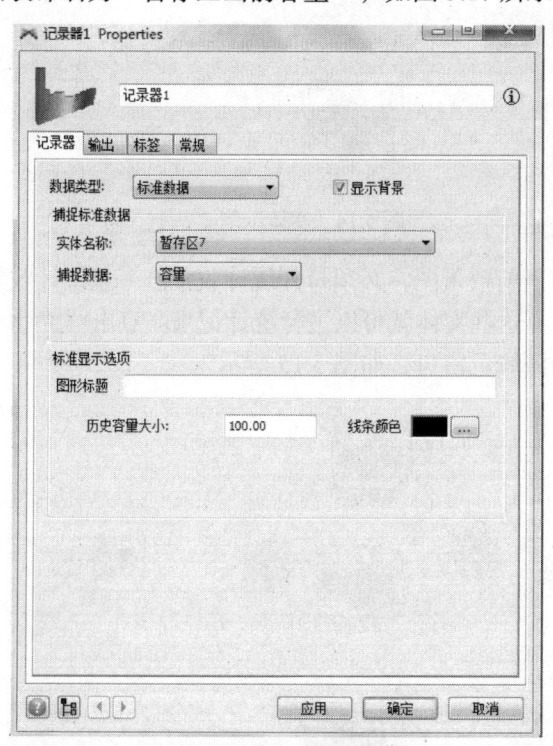

图 5.17　记录器参数设置

（3）点击应用，先不要关闭属性窗口。

第五步：调整图表的视图属性

在默认情况下，图形是平放在模型地板上的。如果将图表旋转 90° 直立起来视觉效果将会更好。通过改变记录器的旋转和高度参数即可实现。

在记录器的参数窗口，点击常规选项卡。在位置、旋转与尺寸模块下，改变 z 轴为 2.64，RX（X 转角）为 90。点击"确定"，关闭属性窗口，应用改变的参数重置并运行模型，现在可以看到记录器正在显示暂存区的当前容量随时间变化的情况。如果没有显示，可以从"统计>实体图形数据>打开选中实体"菜单中打开统计历史数据选项，如图 5.18 所示。

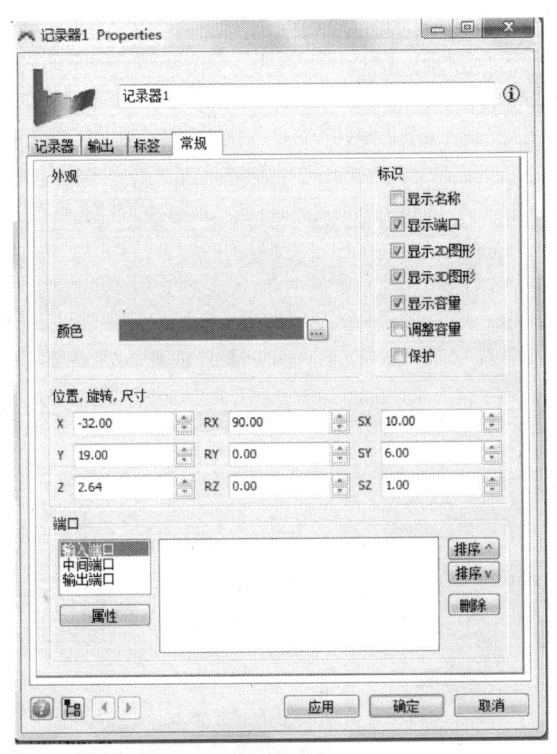

图 5.18　记录器设置（一）

第六步：添加一个记录器来显示暂存区的停留时间直方图

按照步骤三和步骤四中的相同步骤，往模型中添加一个新的记录器并放置在容量图表的右侧。唯一的区别是，在记录器属性页的"捕捉数据"中应该选择"停留时间"选项而非"容量"。图表命名为"暂存区停留状态"，如图 5.19 所示。

第七步：为每个操作员添加状态饼状图

按照步骤三~五中同样的程序为每个操作员添加一个状态饼图。唯一的不同是在"捕捉数据"中选择"状态"选项，按照步骤四~五加一个新的记录器（在捕捉数据列表中选择"状态"而不是"容量"）。

在每个饼状图的常规选项卡上，将 SX 与 SY 分别改成 5，把这两个饼状图放置在视图地板上即可，不需要改变它们的旋转值，如图 5.20 所示。

图 5.19 记录器设置（二）

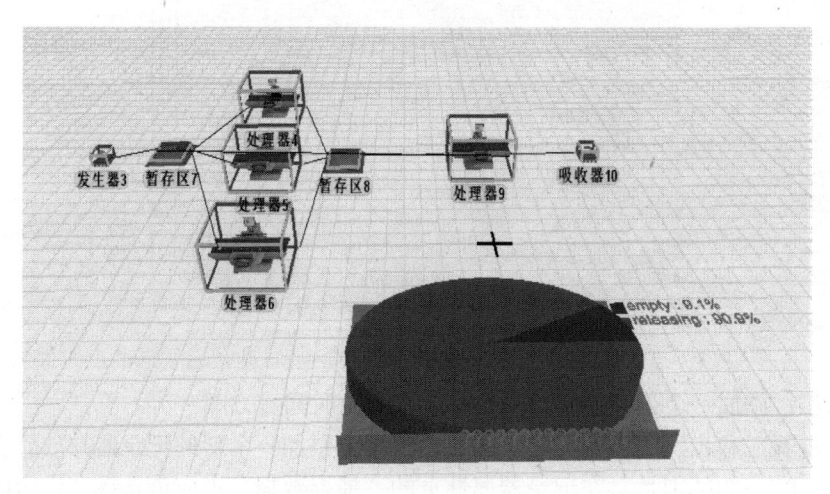

图 5.20 实体示例（三）

第八步：添加 3D 文本至模型

通过另外一种方式也可以给模型添加信息，这些信息可以显示绩效指标。在模型布局的某些战略点上放置 3D 文本，采用可视化工具实体即可实现。在此模型中可以添加 3D 文本来显示传送带暂存区临时实体的平均等待时间。

将可视化工具拖进模型，放在传送带暂存区旁边，命名为"文本"，如图5.21所示。

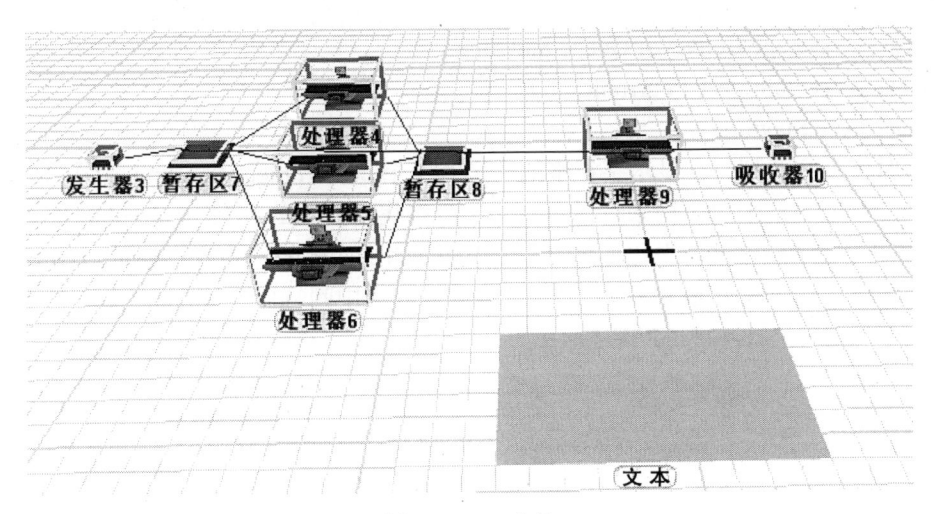

图 5.21 3D 实体

（1）双击可视化工具，弹出属性窗口。
（2）在显示选项卡上，选择可视化显示列表中的"文本"，即可定义文本参数，如图 5.22 所示。

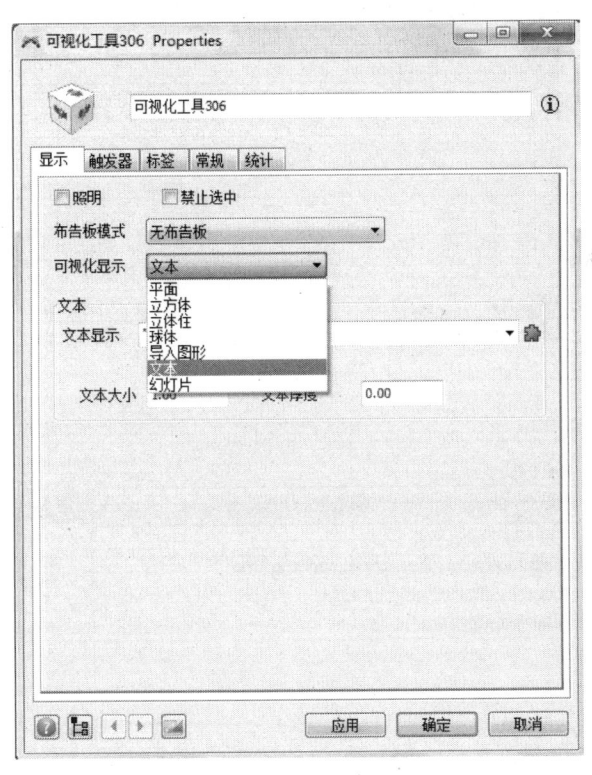

图 5.22 可视化工具设置（一）

在文本显示列表中，选择"显示实体统计"，如图 5.23（a）所示。弹出代码模板窗口，文本改变如下：

Text："Average Conveyor Queue Staytime："
Object：centerobject（currrent，1）
Stat：Avg Staytime

这时将会注意到，在显示字符串的末尾有一个 centerobject（current，1）表述的引用[图 5.23(b)]。这个引用用来告诉可视化工具查找要显示的数据。centerobject(current，1)的意思是显示连接到可视化工具第一个中间端口的实体的平均等待时间，这就意味着必须在传送带暂存区和可视化工具实体之间建立一个中间端口连接，将文本与传送带暂存区用中间端口进行连接（S 键连接）。

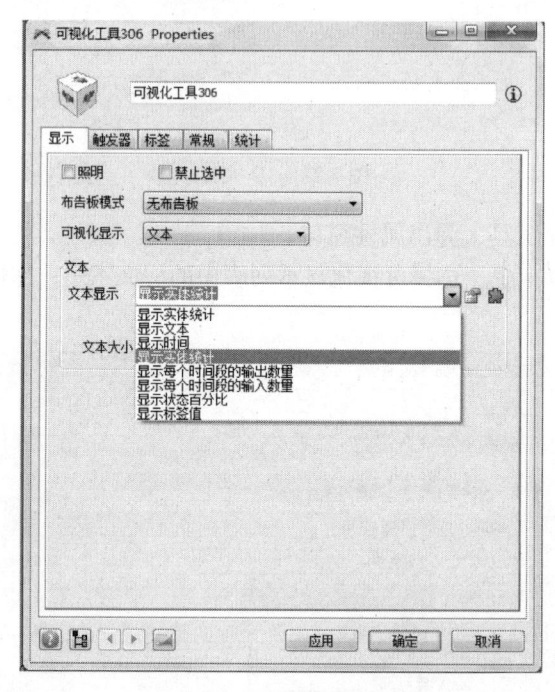

（a）

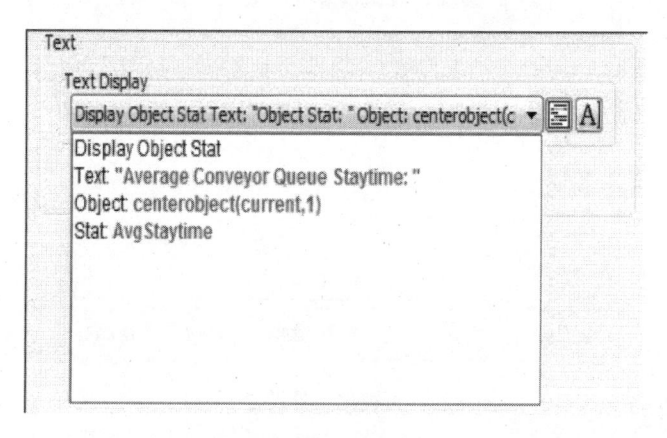

（b）

图 5.23 可视化工具设置（二）

点击可视化工具时应直接点击显示的 3D 文本。若点击字母中间的空白处，将不会建立连接，如图 5.24 所示。

图 5.24　3D 文本视图

默认状态下，文本的大小被设置为 1，如果想把文本调整得更小，可以在属性窗口中输入理想的大小，也可以调整厚度使文本显示为3D 效果。

双击可视化工具，打开参数窗口。在显示选项卡上改变文本大小为 5，文本厚度为 1，如图 5.25 所示。

图 5.25　可视化工具设置（三）

（1）点击常规选项卡。
（2）改变颜色为黑色。
（3）将RX调整为90。

（4）点击"确定"关闭参数窗口，如图5.26所示。

图 5.26　可视化工具设置（四）

现在模型中的文本就被旋转了，可用鼠标自由选择和放置文本。在将文本旋转以后出现通过点击无法将其选中的状况，是因为文本处于网格之下。为了选中，视图也必须要旋转至网格以下，方法是按住鼠标右键，移动鼠标对准方向。请记住要调整文本的高度，可以同时按下左右键选择文本然后前后移动鼠标，或者选择文本上下滚动鼠标滑轮。

第九步：重置，保存及运行模型

重置、保存模型，然后运行模型，请观察在以上操作中添加的图形、图表及3D文本。

3. 思考题

请用直方图的方法统计一下各暂存区的停留时间，观察一下在模型运行过程中，各暂存区状态的变化，是否出现了什么问题，应该如何解决。

实验 3　产品搬运系统仿真与分析

1. 学习内容

（1）如何使用全局表定义路径。
（2）如何为一个运输机设定行进路径网络。
（3）如何在一个行进路径网络中创建样条线。
（4）如何建立一个定制的输出报告。
（5）如何执行模型的多次运行。

新实体：
本课将介绍货架、网络节点和样条线节点实体。

课程完成时间：
完成本课大约需要 80 分钟。

2. 模型描述

某工厂对三类产品进行分类。这三种类型的产品按照一定的时间间隔方式到达，随后不同类型的产品被分别送往三台不同的检测机进行检测，每台检测机只检测一种特定的产品类型。其中，类型 1 的产品送到第一台检测机进行检测。类型 2 的产品送到第二台检测机进行检测，类型 3 的产品送到第三台检测机进行检测。产品检测完毕后，由传送带送往货架区，再由叉车送到相应的货架上存放。所有实体类型 1 的临时实体都送到货架 2，所有实体类型 2 的临时实体都送到货架 3，所有实体类型 3 的临时实体都送到货架 1。采用网络节点实体，可以为一个叉车建立一个路径网络，当它从输送机暂存区往货架运输临时实体时使用此路径网络。概念模型如图 5.27 所示。

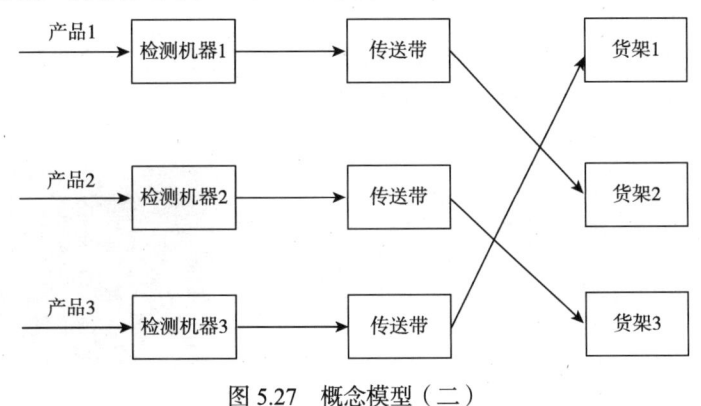

图 5.27　概念模型（二）

此模型需要思考的问题：
（1）这个检测流程的效率如何？
（2）是否存在瓶颈？
（3）如何改善整个系统的绩效呢？

系统数据：

（1）产品到达速率：产品到达间隔时间服从均值 20 秒、方差为 2 的正态。
（2）暂存区最大容量：25。
（3）检测机时间参数：准备时间是 10 秒，加工时间服从均值为 30 秒的指数分布。
（4）传送带参数：传送速度是 1 米/秒，传送带上同时最多传送 10 个产品。
（5）临时实体路径：类型 1 到检验台 1，类型 2 到检验台 2，类型 3 到检验台 3。

3. 建模步骤

首先在计算机桌面上双击 Flexsim 图标打开应用程序。软件装载后将看到 Flexsim 菜单和工具按钮、库以及视图窗口，如图 5.28 所示。

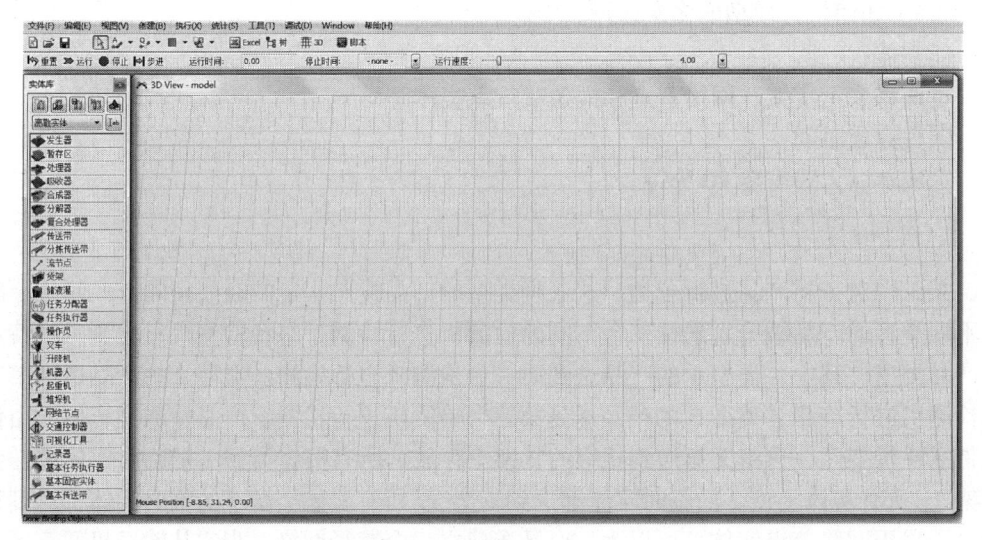

图 5.28　视图窗口（二）

第一步：创建实体

创建一个发生器，命名为发生器。从库中拖出 2 个暂存区、3 个处理器、3 个传送带以及 3 个货架到视图中。修改图中实体的名字，如图 5.29 所示。

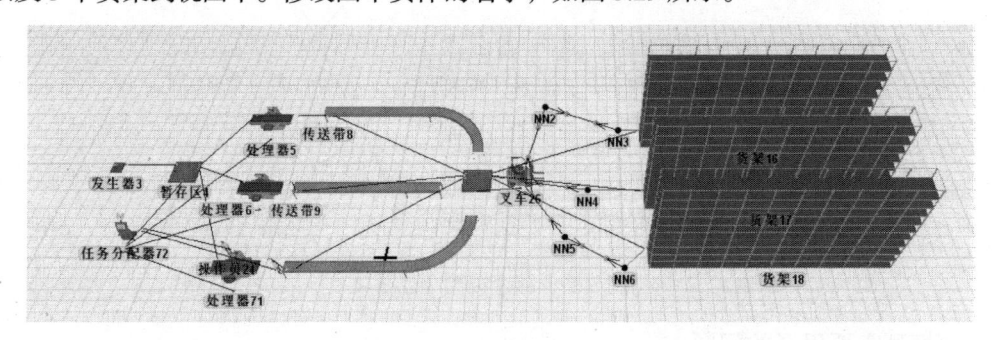

图 5.29　实体模型（二）

第二步：端口连接

点击按钮或者按住 A 键进入连接模式。进入连接模式后，有两种连接方式可以用来连接两个实体。一种方法是单击一个实体，然后单击另外一个实体。另一种方法是点击一个实体，将其拖动至另外一个实体处。需要注意的是，连接方向将会直接影响到临时实体的流动方向，因为临时实体会从连接的第一个实体流向被连接的实体。另外，点击按钮或按下 Q 键，使用与连接相同的方式即可断开连接，如图 5.29 所示。

（1）发生器与第一个暂存区连接。
（2）把暂存区与处理器 1，处理器 2，处理器 3 分别连接。
（3）处理器 1、2、3 与所对应的 1、2、3 传送带相连接。
（4）1、2、3 传送带分别与第二个暂存区连接。
（5）第二个暂存区分别与 1、2、3 货架连接。

第三步：指定到达速率

对于这一模型，我们将改变到达时间间隔与临时实体类型从而产生三种不同的产品类型进入系统。双击发生器，打开其属性窗口。点击发生器选项卡，在到达时间间隔下拉列表中选择统计分布。代码模板窗口和建议性窗口弹出。双击建议窗口中的"normal（0，1，0）"选项，将文本修改为"统计分布：normal（20，2，0）"。这种到达速率是表明到达时间均值为 20 秒，标准方差为 2，如图 5.30 所示。

图 5.30　发生器设置（二）

下面我们需要为临时实体指定一个实体类型，使进入系统的临时实体的类型服从 1~3 均匀分布。最好的做法是在发生器的"创建触发器"中改变实体类型，所以先不要关闭参数窗口。

第四步：设置临时实体的类型及颜色

选择发生器的触发器分页。为离开触发器（点击+按钮）增加一个函数。首先打开离开触发器下拉菜单，在下拉菜单中选择"设置临时实体类型和颜色"，弹出代码模板窗口。离散均匀分布与均匀分布相似，但返回的不是给定的参数之间的任意实数值，而是离散整数值。默认的文本此时可以直接引用于此案例，如图 5.31 所示。

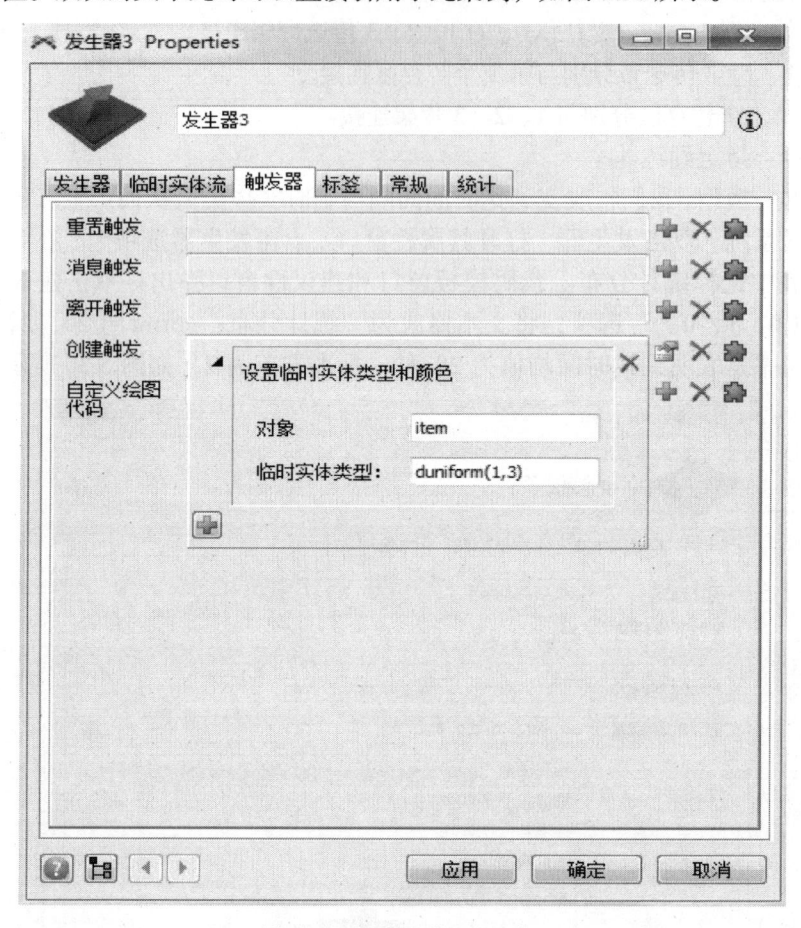

图 5.31 发生器设置（三）

下一步是详细设定暂存区参数。由于暂存区是在临时实体被处理器处理之前存放临时实体的场所，因此需要做两件事。首先，需要设定暂存区最多可容纳 25 个临时实体的容量。其次，设定临时实体流选项，将类型 1 的实体发送到处理器 1，类型 2 的实体发送到处理器 2，依次类推。

第五步：设定暂存区容量

（1）双击第一个暂存区 Queue1，打开参数窗口。

（2）将最大容量改变为 25。

（3）不要关闭参数窗口，如图 5.32 所示。

图 5.32 暂存区设置(一)

第六步:设定暂存区的临时实体流

在暂存区的参数窗口中,点击临时实体流选项卡,设置临时实体流选项。

在发送至端口列表中选择"指定端口",如图 5.33 所示。

由于我们已经分配实体类型号为 1、2、3,就可以根据不同的临时实体类型分配不同的端口号。请注意,默认的输出端口是 getitemtype(item),请不要修改。通过此参数设置,处理器 1 应连接到端口 1,处理器 2 应连接到端口 2,依次类推。在窗口之外点击即可应用此触发器。点击"确定"按钮关闭暂存区的参数视窗。

第七步:设定处理器的加工时间

双击第一个处理器,就会出现其参数视窗。

(1)点击处理器分页,在加工模块中,选时间下拉菜单中的统计分布,弹出代码模板窗口,附带打开可供选择的建议性窗口,如图 5.34 所示。数据如下。

(2)统计分布:exponential (0,30,1)。

(3)对于其他两个处理器,重复以上两步操作。

物流系统仿真

图 5.33　暂存区设置（二）

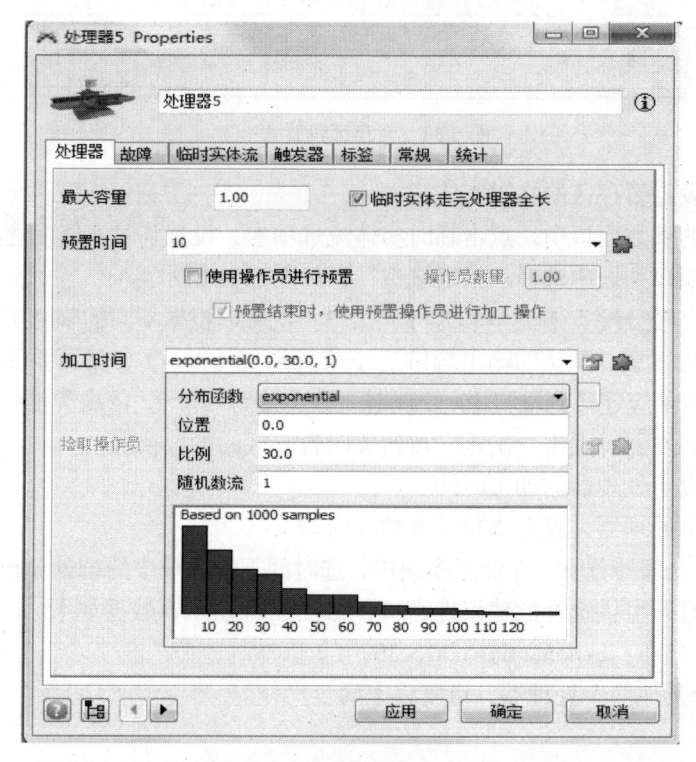

图 5.34　处理器设置（二）

这个设置的原因是：每个产品的加工时间是 30 秒钟，加工时间服从指数分布。

第八步：设置传送带

现在将要改变三个传送带的布局，从而使它们可以在末尾部分出现弯曲，使临时实体距传送带暂存区更近，如图 5.35 所示。

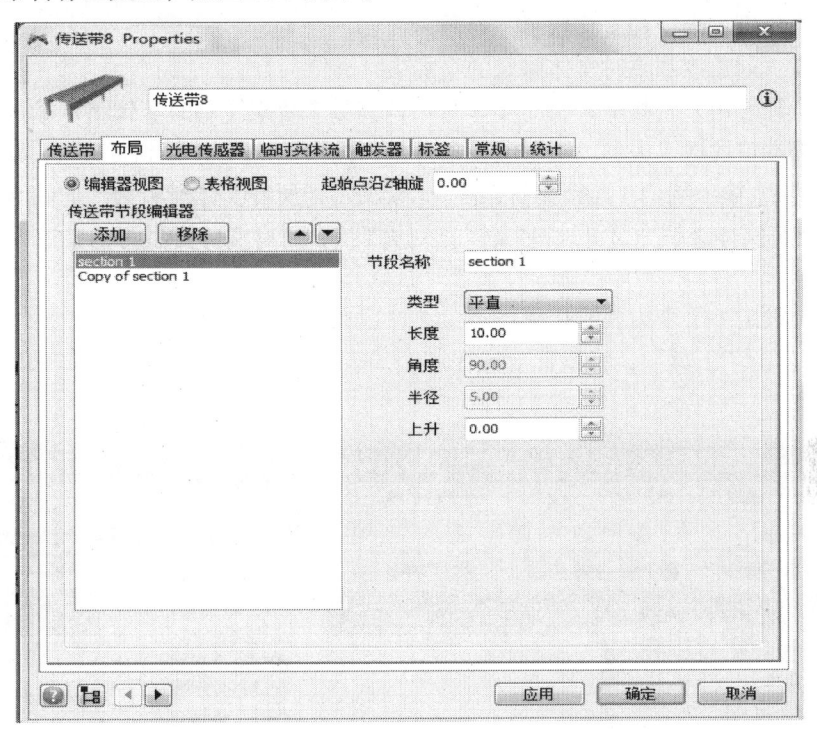

(a)

(b)

图 5.35　传送带设置（一）

（1）双击传送带 8，打开参数窗口。
（2）点击布局选项卡。
（3）点击"添加"，在传送带末尾添加弯曲。

（4）编辑角度与半径参数，使传送带 8 向传送带暂存区方向弯曲。

（5）对于传送带 9 重复以上操作。

注意其中第 2 个分段的"类型"的值是 2，表示它是一个弧形分段。对于类型 1 的分段，可以使用长度、上升高度和支柱数目等参数。对于类型 2 的分段，可以使用上升高度、弯曲角度、半径和支柱数目等参数。

第九步：创建控制临时实体路径的全局表

设定全局表用来查找每个临时实体将被送到哪个货架（临时实体将从输送机暂存区的哪个输出端口发送出去）。这里假设条件是，输出端口 1 连接到货架 1，输出端口 2 连接到货架 2，输出端口 3 连接到货架 3。本模型将把所有实体类型为 1 的临时实体送到货架 2，所有实体类型为 2 的临时实体送到货架 3，所有实体类型为 3 的临时实体送到货架 1。

下面是设定一个全局表的步骤：

（1）点击"工具"，将鼠标放置在"全局表"上，然后点击"添加"，如图 5.36 所示。

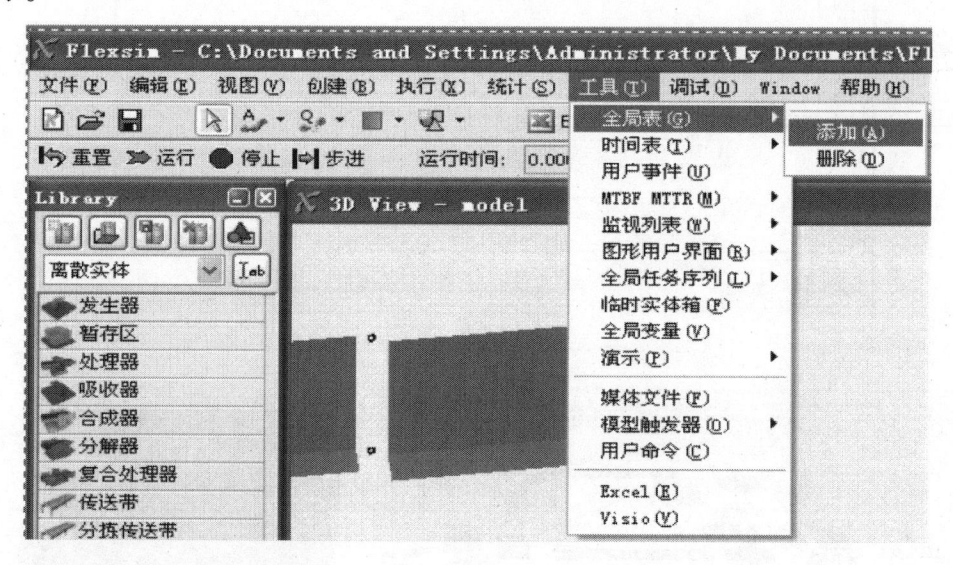

图 5.36　全局表（一）

（2）将名称（Name）改为 rout。

（3）将行数设置为 3，列数设置为 1。

（4）将行命名为 Row1、Row2 和 Row3，然后填入相应的临时实体要被送到的输出端口号（货架号）。

（5）点击"确定"按钮，关闭表，如图 5.37 所示。

第十步：设置第二个暂存区

（1）双击第二个暂存区，打开属性窗口。

（2）在暂存区标签上把最大容量改成 25。

（3）点击"确定"关闭窗口。

图 5.37 全局表（二）

第十一步：调整传送带暂存区的送往端口选项

双击传送带暂存区实体，弹出属性窗口。点击临时实体流选项卡，在发送至端口列表中选择 Using Global Lookup Table（rout）。弹出代码模板窗口，如图 5.38 所示。编辑为：

图 5.38 全局表设置（一）

表格："rout"
行：getitemtype（item）
列：1

点击"确定"按钮，关闭参数窗口。

第十二步：添加运输工具和网络节点

在第一个暂存区与处理器之间添加两个操作员和一个任务分配器（使用两个及两个以上的操作员完成同一个任务时需要使用分配器）。分配器与暂存区以及处理器之间用 S 键连接，操作员与分配器之间用 A 键连接。

在第二个暂存区添加一个叉车（用 S 键连接）并在输送机暂存区和每个货架旁边拖放添加网络节点，命名为 NN1，NN2，NN3，NN4，NN5 这些节点将在模型中成为捡取点和放下点。NN1 与 NN2、NN3、NN4 和 NN5 分别连接（A 键）。建立连接后，将会显示出带有两个绿色指示方框的一条连线，表示两个节点之间的这条路径在两个方向都是可行的。将网络节点与它对应的实体用 A 键连接（NN1 与传送带暂存区连接、NN2 与货架 1 连接等）。如果连接正确，将会出现一条蓝色的线。最后一步是将叉车连接到节点网络上。为了让叉车知道它必须采用路径行进，必须把它连接到路径网络中的某个节点上。按住键盘"A"键然后在叉车到 NN1 之间进行点击拖动操作可以实现连接。所选择的连接到叉车的那个节点将成为每次重置和运行模型时叉车的起始位置，如图 5.39 所示。

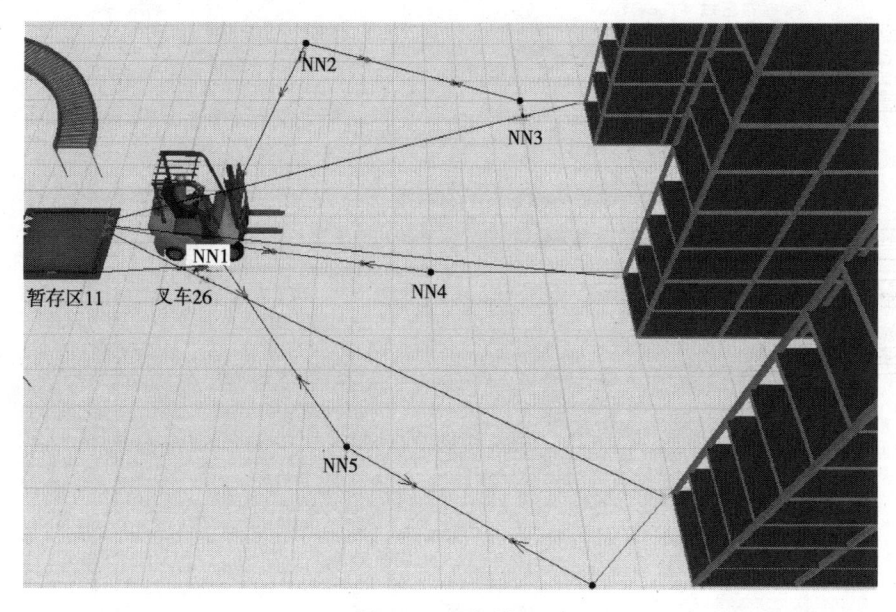

图 5.39 局部模型

第十三步：重置、保存、运行模型

编译、重置、保存，然后允许模型来查看叉车是否在使用路径网络，如图 5.40 所示。

第十四步：使用报告查看输出结果

在模型运行一段时间以后，如果想要查看仿真的汇总报告，选择"统计>报告与统计"，如图 5.41 所示。

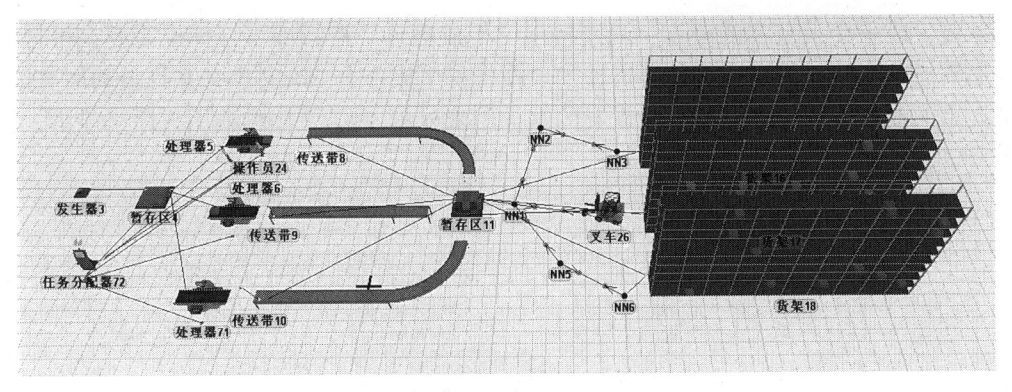

图 5.40　实体模型（三）

图 5.41　仿真汇总报告（一）

在报告与统计对话框中选择汇总报告选项卡，如图 5.42 所示。

图 5.42　仿真汇总报告（二）

要生成一个最基本的报告，只需按下“生成报告”按钮即可。如果需要在报告中添加其他的属性，使用此界面即可添加。报告将生成一个 csv 文档，并且自动用 Excel 来显示，或者使用用户机器上所设置的默认用来显示 csv 文档的应用程序来显示，如图5.43 所示。

summaryreport

Flexsim Summary Report												
Time:	1592.271											
Object	Class	stats_cor	stats_cor	stats_cor	stats_cor	stats_in	stats_out	stats_st	stats_st	stats_st	state_cur	state_since
发生器3	Source	0	0	0	0.992719	0	80	0	0	0	5	1592.271
暂存区4	Queue	9	0	10	3.643658	80	71	3.813545	334.8699	66.50537	8	1592.271
处理器5	Processor	1	0	1	0.7816	27	26	14.21315	132.3514	47.07696	10	1592.271
处理器6	Processor	1	0	1	0.552669	21	20	13.74573	93.15366	42.96106	2	1592.271
传送带8	Conveyor	0	0	1	0.291536	26	26	17.85398	17.85398	17.85398	6	1592.271
传送带9	Conveyor	0	0	1	0.163289	20	20	13	13	13	6	1592.271
传送带10	Conveyor	0	0	1	0.257897	23	23	17.85398	17.85398	17.85398	6	1592.271
暂存区11	Queue	18	0	19	9.235579	69	51	2.665094	434.8818	214.642	10	1592.271
货架16	Rack	16	1	16	7.582316	16	0	0	0	0	1	1592.271
货架17	Rack	19	1	19	8.614524	19	0	0	0	0	1	1592.271
货架18	Rack	16	1	16	7.405755	16	0	0	0	0	1	1592.271
操作员22	Operator	0	0	1	0.143879	59	59	1.387423	6.792036	3.882945	1	1592.271
操作员24	Operator	0	0	1	0.160006	81	81	1.387481	6.697256	3.145349	16	1592.271
叉车26	Transport	0	0	1	0.48151	51	51	8.214267	21.00728	15.03321	14	1592.271
处理器71	Processor	0	0	1	0.534233	23	23	28.6859	40.637	36.98451	1	1592.271
任务分配器	Dispatche	0	0	0	0	0	0	0	0	0	1	1592.271

图 5.43　统计报告

如果要生成状态报告，可以单击报告与统计对话框中的状态报告选项卡，然后点击“生成报表”按钮，如图 5.44 所示。

statereport

Flexsim State Report																
Time:	1592.271															
Object	Class	idle	processir	busy	blocked	generatir	empty	collectir	releasing	waiting f	waiting f	breakdowr	schedulec	conveying	travel em	travel lo
发生器3	Source	0.00%	0.00%	0.00%	0.00%	100.00%	0.00%	0.00%	0.00%	0.00%	0.00%	0.00%	0.00%	0.00%	0.00%	0.00%
暂存区4	Queue	0.00%	0.00%	0.00%	0.00%	0.00%	3.56%	0.00%	95.12%	0.00%	1.32%	0.00%	0.00%	0.00%	0.00%	0.00%
处理器5	Processor	21.84%	49.61%	0.00%	0.00%	0.00%	0.00%	0.00%	0.00%	0.00%	11.60%	0.00%	0.00%	0.00%	0.00%	0.00%
处理器6	Processor	44.73%	34.99%	0.00%	0.00%	0.00%	0.00%	0.00%	0.00%	0.00%	7.09%	0.00%	0.00%	0.00%	0.00%	0.00%
传送带8	Conveyor	0.00%	0.00%	0.00%	0.00%	0.00%	70.85%	0.00%	0.00%	0.00%	0.00%	0.00%	0.00%	29.15%	0.00%	0.00%
传送带9	Conveyor	0.00%	0.00%	0.00%	0.00%	0.00%	83.67%	0.00%	0.00%	0.00%	0.00%	0.00%	0.00%	16.33%	0.00%	0.00%
传送带10	Conveyor	0.00%	0.00%	0.00%	0.00%	0.00%	74.21%	0.00%	0.00%	0.00%	0.00%	0.00%	0.00%	25.79%	0.00%	0.00%
暂存区11	Queue	0.00%	0.00%	0.00%	0.00%	0.00%	8.57%	0.00%	0.00%	0.00%	91.43%	0.00%	0.00%	0.00%	0.00%	0.00%
货架16	Rack	100.00%	0.00%	0.00%	0.00%	0.00%	0.00%	0.00%	0.00%	0.00%	0.00%	0.00%	0.00%	0.00%	0.00%	0.00%
货架17	Rack	100.00%	0.00%	0.00%	0.00%	0.00%	0.00%	0.00%	0.00%	0.00%	0.00%	0.00%	0.00%	0.00%	0.00%	0.00%
货架18	Rack	100.00%	0.00%	0.00%	0.00%	0.00%	0.00%	0.00%	0.00%	0.00%	0.00%	0.00%	0.00%	0.00%	0.00%	0.00%
操作员22	Operator	63.50%	0.00%	0.00%	0.00%	0.00%	0.00%	0.00%	0.00%	0.00%	0.00%	0.00%	0.00%	0.00%	18.19%	14.39%
操作员24	Operator	49.36%	0.00%	0.00%	0.00%	0.00%	0.00%	0.00%	0.00%	0.00%	0.00%	0.00%	0.00%	0.00%	27.90%	16.00%
叉车26	Transport	6.82%	0.00%	0.00%	0.00%	0.00%	0.00%	0.00%	0.00%	0.00%	0.00%	0.00%	0.00%	0.00%	40.68%	24.69%
处理器71	Processor	46.58%	27.86%	0.00%	0.00%	0.00%	0.00%	0.00%	0.00%	0.00%	11.12%	0.00%	0.00%	0.00%	0.00%	0.00%
任务分配器	Dispatche	100.00%	0.00%	0.00%	0.00%	0.00%	0.00%	0.00%	0.00%	0.00%	0.00%	0.00%	0.00%	0.00%	0.00%	0.00%

statereport

图 5.44　状态报告

4. 思考题

生成状态报告后，从状态报告中观察该模型的问题。如何更好地优化模型？

实验 4　制造加工车间系统仿真与分析

1. 学习内容

（1）如何建立一个多产品多阶段制造系统的复杂布局。

（2）如何连接端口来安排临时实体的路径，对于连接线较多时如何进行处理。
（3）如何利用属性中的标签一栏来设置连接端口。
（4）如何设置较为复杂的临时实体流向参数。

新实体：

在本课中将学习发生器、暂存区、处理器和吸收器实体。

预计完成时间：

完成本课大约需要 60 分钟。

2. 模型描述

有一个制造车间由 5 组机器组成，第 1、2、3、4、5 组机器分别有 3、2、4、3、1 台相同的机器。这个车间需要加工三种原料，三种原料分别要求完成 4、3 和 5 道工序，而每道工序必须在指定机器组上处理，按照事先规定好的工艺顺序进行。

假定在保持车间逐日连续工作的条件下，对系统进行 365 天的仿真运行（每天按 8 小时计算），计算每组机器队列中的平均产品数以及平均等待时间。通过仿真运行，找出影响系统的瓶颈因素，并对模型加以改进。

如果一种原料到达车间时，发现该组机器均处于工作状态，该原料就在该组机器处的一个服从先进先出规则的队列。前一天没有完成的任务，第二天继续加工。概念模型如图 5.45 所示。

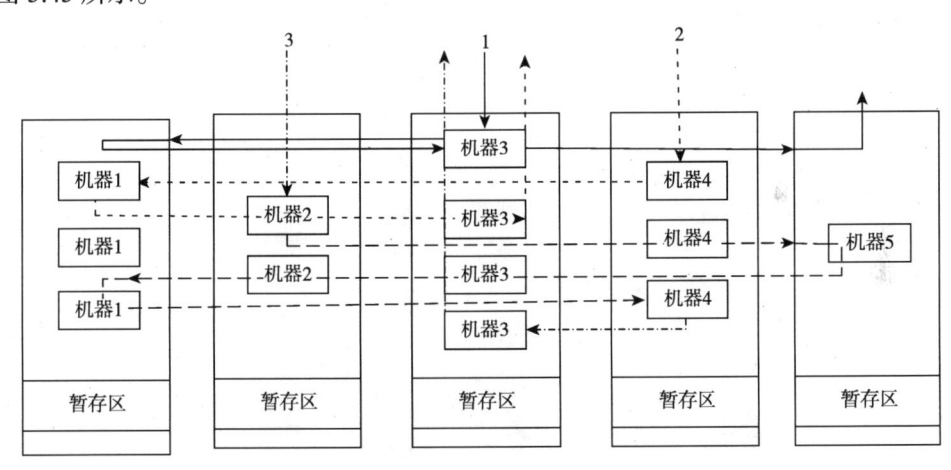

图 5.45 概念模型（三）

此模型需要思考的问题：
（1）搜集何种数据用于对模型进行分析？
（2）如何对模型进行数据分析？
（3）该模型的瓶颈是什么？
（4）根据瓶颈如何对模型进行改进？

系统数据：

（1）产品到达：三种原料到达车间的间隔分别服从均值为 50、30、75 分钟的指数分布。

（2）产品加工：第 1 种原料首先在第 3 组机器上加工，然后依次在第 1 组、第 2 组机器上加工，最后在第 5 组机器上完成最后工序。第 1 种原料在机器组 3、1、2、5 加工，在机器组 3、1、2、5 加工的平均时间分别为 30、36、51、30 分钟；第 2 种原料在机器组 4、1、3 加工，在机器组 4、1、3 加工的平均时间分别为 66、48、45 分钟；第 3 种原料在机器组 2、5、1、4、3 加工，在机器组 2、5、1、4、3 加工的平均时间分别为 72、15、42、54、60 分钟。

3. 建模步骤

第一步：模型实体设计。各实体元素的简要说明如表 5.1 所示。

表 5.1 实体元素（一）

模型元素	系统元素	备注
Flowitem	原料	不同实体类型代表不同类型的原料，分别标为 1、2、3
Source	原材料库	原材料的始发处，每天连续 8 小时提供原料，不同的原料有不同的间隔到达时间，因此用不同的 Source 生成不同类型的原料
Processor	机器	进行不同的参数定义以表示不同机器组中的机器
Queue	机器组暂存区	半成品存储处
Sink	成品库	原料加工后的最终去处

第二步：创建实体

从库中拖出 3 个发生器、1 个吸收器、相应数量的处理器和暂存区到视图中。把实体按照概念中的位置摆好，如图 5.46 所示。

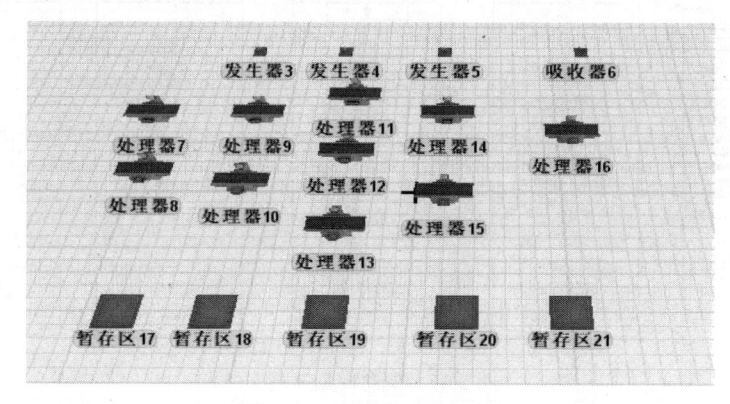

图 5.46 实体模型（四）

第三步：连接端口

进行端口连接时，需要考虑不同类型原料的加工流程。流动实体将沿着连接后的实体路径从系统中流过。

首先考虑第一类原料在机器组间的流动路径。原料 1 依次流过机器组 3、1、2、5。当原料完成某一阶段的加工，如机器组 3 上的加工后，它将进入机器组 1 进行后续加工。机器组 1 中的任意一台空闲机器均可完成该加工，因此需要将机器组 3 中每台机器的输出端口与机器组 1 中每台机器的输入端口连接，将机器组 1 中每台机器的输出端口与机器组 5 中每台机器的输入端口连接。最后，为了使原料 1 能流入、流出系统，将发生器的端口与机器组 3 中的每台机器的输入端口连接，并将机器组 5 中的每台机器的输出端口与吸收器的输入端口连接。连接后的模型如图 5.47 所示。

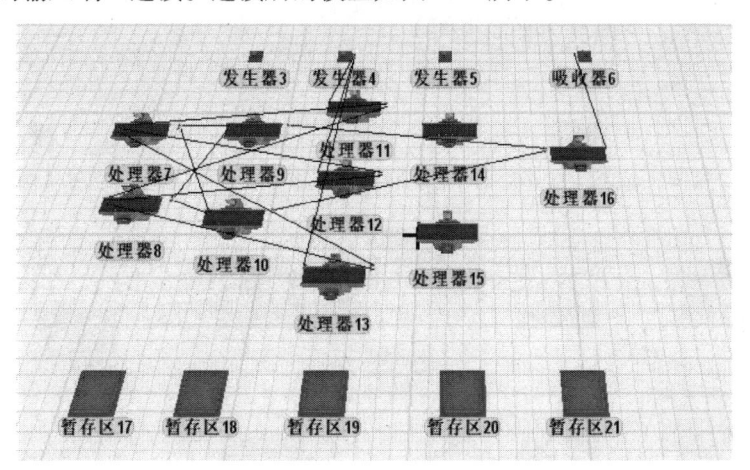

图 5.47　实体模型（五）

上述模型并没有考虑当原料进入某机器组时发现该组机器均不空闲的情况。由系统描述可知，若没有空闲机器加工该原料，原料进入该机器组的暂存区。因此，对于由机器组 3 加工完成并进入机器组 1 的原料，在无法进入机器进行加工的情况下，需要进入暂存区。为此，可以添加一个连接将机器组 3 的每台机器的输出端口再与机器组 1 的暂存区的输入端口连接。注意连接顺序不能颠倒，必须先和机器组 1 的每台机器连接，再和机器组 1 的暂存区连接。同样地，将机器组 1 每台机器的输出端口与机器组 2 暂存区的输入端口连接，机器组 2 每台机器的输出端口与机器组 5 暂存区的输入端口连接。最后，不要忘记进入机器组 3 而需要等待的原料，因此将发生器的输入端口与机器组 3 暂存区的输入端口连接，如图 5.48 所示。

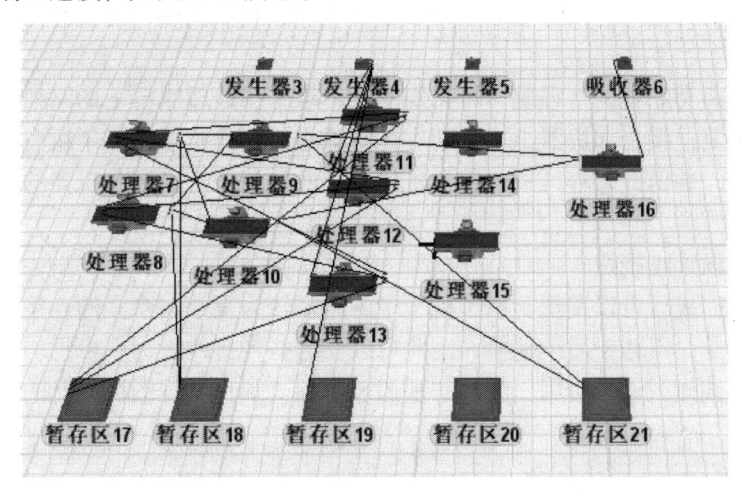

图 5.48　实体模型（六）

至此，原料 1 的路径端口连接还没有完成。进入各机器组暂存区的原料还需要在有机器空闲的情况下，按照先进先出的原则进入机器中加工。因此，需要将各暂存区的输出端口与该机器组的各台机器输入端口相连接。将机器组 3 暂存区的输出端口与机器组 3 每台机器的输入端口相连接，同样地处理机器组 1、2、5。完成后的模型如图 5.49 所示（为了便于观察，下面改为平面视图）。

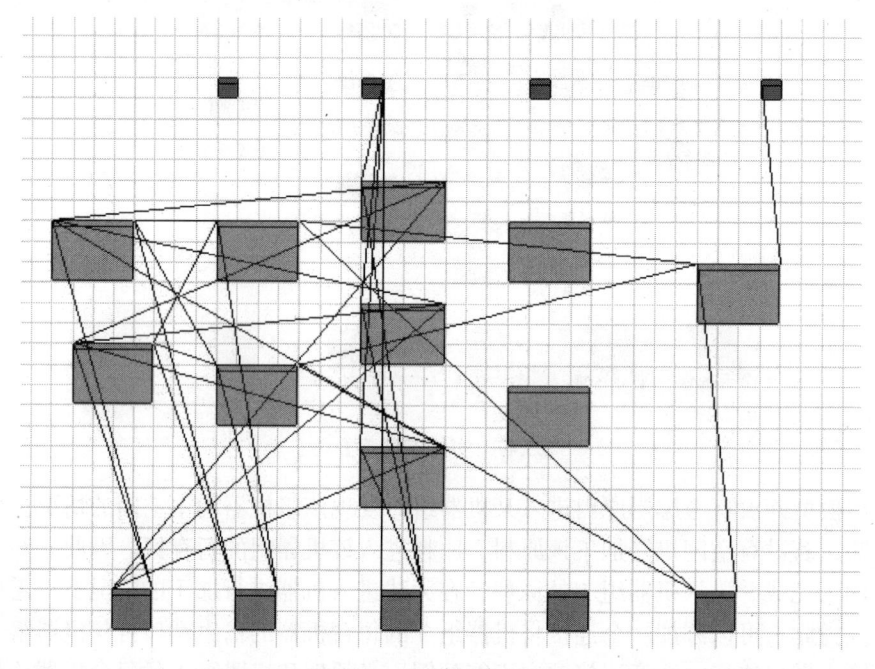

图 5.49　平面视图（一）

现在就完成了原料 1 的路径端口连接。注意上述连接均表明原料 1 的流动方向均为 A 键连接。

由题知原料 2 依次流过机器组 4、1、3，而原料 3 依次流过机器组 2、5、1、4、3。可以按照原料 1 的端口连接方法分别完成原料 2 和原料 3 的端口连接。完成后的模型如图 5.50 所示。

在连接后两类原料的路径端口时需要注意，对于在处理原料 1 的路径端口时已有的连接不需要重复连接，如机器组 1 的暂存区与该组机器的连接。由于所有的原料都进入同一个暂存区，并由此暂存区进入某台机器，因此从该暂存区到各机器的连接不需要重复搭建。

第四步：设置连接线

端口连接完成后可以发现，由于模型中的路径较为复杂，众多的连接线使得整个视窗显得非常混乱，不利于后续建模，因此可以将这些连接线设为不可见。单击菜单栏中的"视图"，选择"建模应用"中的"视图设置"，弹出"视图设置"的对话框，如图 5.51 所示。

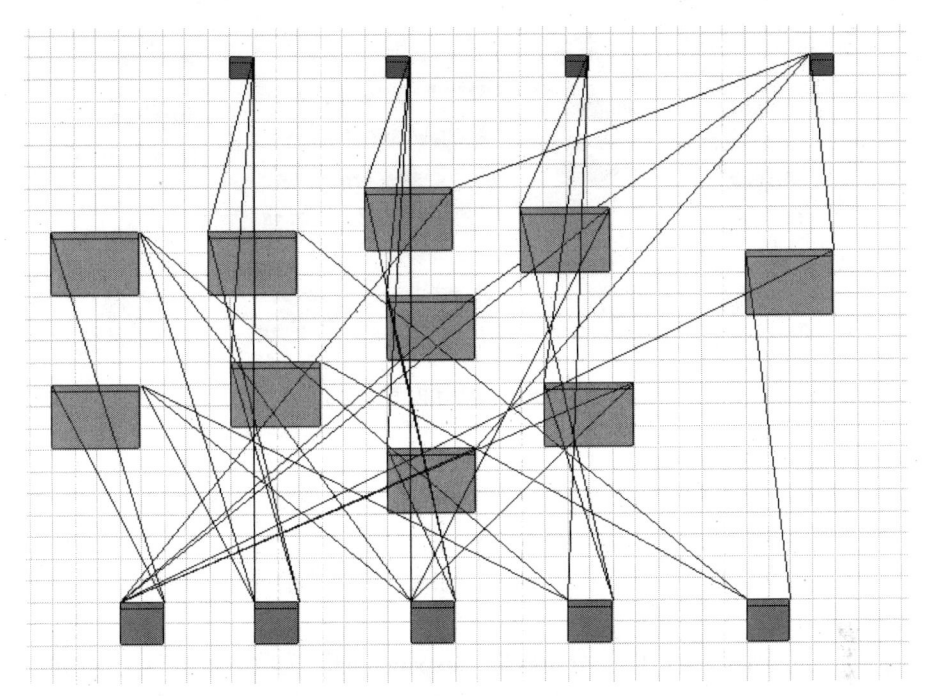

图 5.50　平面视图（二）

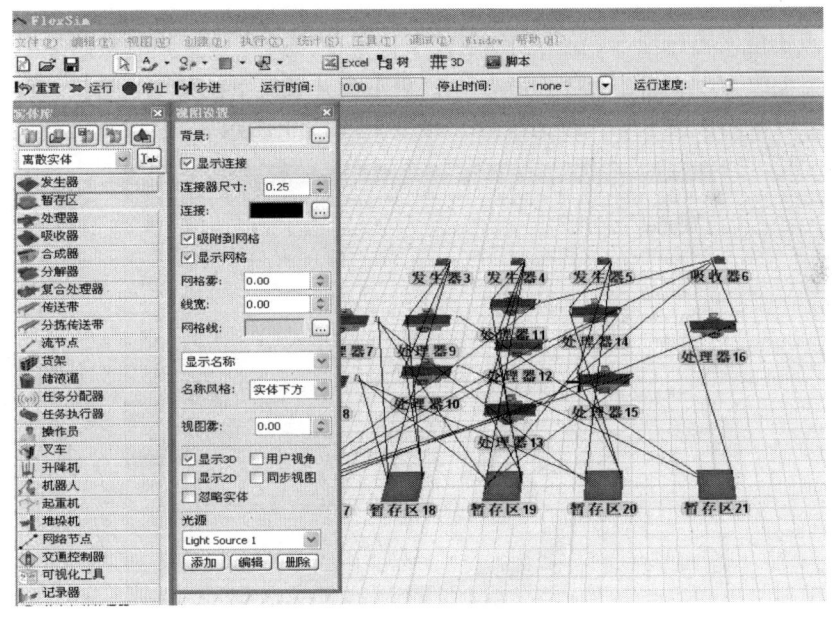

图 5.51　视图设置

单击"显示连接"选项前的方框，除去前面的对号，可以看到模型视窗中的连接线都不见了（图 5.52）。注意这只是视觉效果，而实际上刚才所做的连接并没有被消除，也就是说，各实体间的逻辑连接还是存在的。

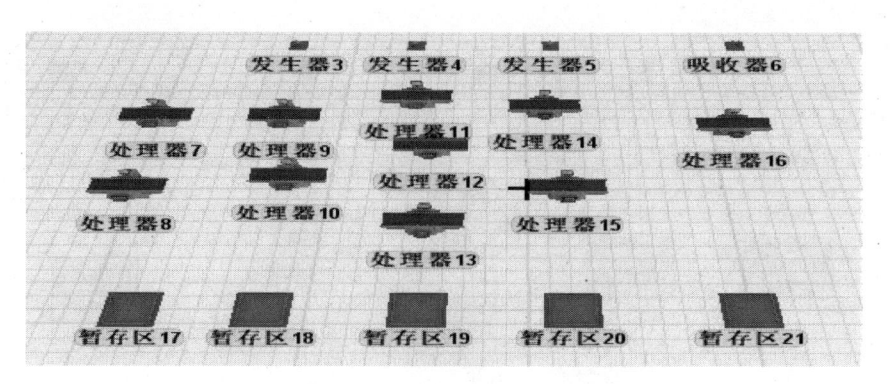

图 5.52 实体模型（七）

第五步：定义发生器

以产生第一类原料的发生器实体为例做以下设置：

（1）双击发生器，打开其属性窗口。

（2）点击发生器选项卡，在到达时间间隔下拉列表中选择统计分布。代码模板窗口和建议性窗口弹出。

（3）点击建议性窗口中的分布函数"exponential"选项，将蓝色文本修改为"统计分布：exponential（0，50，1）"。这种到达速率是表明平均每 50 分钟到达一个新产品，如图 5.53（a）所示。

（4）点击触发器选项卡，单击创建触发下拉菜单，选择"设置临时实体类型和颜色"，并将实体类型改为 1，如图 5.53（b）所示。单击离开触发下拉菜单，选择"设置临时实体颜色（也可使用数值）"，改为红色，如图 5.53（c）所示。

（a）

(b)

(c)

图 5.53 发生器设置（四）

其余发生器均按此步骤依照要求进行设置，将第二类临时实体类型设为黄色，第三类临时实体类型设为蓝色。

第六步：定义机器组 1

双击机器组 1 中任意一台处理器，打开其参数窗口，单击加工时间，选择"根据返回值执行不同的 Case"，不同类型的原料加工时间不同，分别为均值是 36 分钟、48 分钟、42 分钟的 erlang 分布。

erlang 分布中的位置参数是其均值，而其他两个参数为 1。最后一个参数定义的是生产该随机数的种子，不同的种子生成的随机数流不同。因此，第 1 类原料的加工时间可以表示为 erlang（42, 1, 1, 1），如图 5.54 所示。

图 5.54　处理器设置（三）

接下来定义机器的输出端口。第 1 类原料从机器组 1 流向机器组 2，第 2 类原料从机器组 1 流向机器组 3，第 3 类原料从机器组 1 流向机器组 4。注意这些原料不仅流入各机器组的机器，也会在所有机器均在进行加工时流入该组的暂存区。首先查看一下机器组 1 的输出端口，左键双击机器，打开其属性窗口，在常规选项卡中可以看到与其连接的端口，在此更改连接端口设置，如图 5.55（a）所示。再打开临时实体流选项卡，发送至端口选择"指定端口"，如图 5.55（b）所示。

(a)

(b)

图 5.55　处理器设置（四）

第七步：定义机器组 2

机器组 2 的设置方法与机器组 1 一样，只是设置内容不同。由上文可知，第 1 类原料从机器组 1 流入，流向机器组 5，加工时间服从均值是 51 分钟的 erlang 分布；第 2 类原料从发生器流入，也流向机器组 5，加工时间服从均值是 72 分钟的 erlang 分布，如图 5.56 所示。

图 5.56　处理器设置（五）

第八步：定义机器组 3

机器组 3 的设置方法与机器组 1 一样，只是设置内容不同，如图 5.57 所示。首先，由上文可知，第 1 类原料从发生器流入，流向机器组 1，加工时间服从均值是 30 分钟的 erlang 分布；第 2 类原料从机器组 1 流入，流向吸收器，加工时间服从均值是 45 分钟的 erlang 分布；第 3 类原料从机器组 4 流入，流向吸收器，加工时间服从均值是 60 分钟的 erlang 分布。

图 5.57　处理器设置（六）

其次，通过标签选项卡修改输出端口连接，只保留其到机器组 1 暂存区的连接。然后设置临时实体流选项卡中的发送至端口，选择根据返回值选择输出端口并做设置，如图 5.58 所示。

图 5.58　处理器设置（七）

第九步：定义机器组 4

机器组 4 的设置方法与机器组 3 一样，只是设置内容不同。由上文可知，第 2 类原料从发生器流入，流向机器组 1，加工时间服从均值是 66 分钟的 erlang 分布；第 3 类原料从机器组 1 流入，流向机器组 3，加工时间服从均值是 54 分钟的 erlang 分布，如图 5.59（a）所示。同时还需设置端口连接及输出端口，如图 5.59（b）所示。

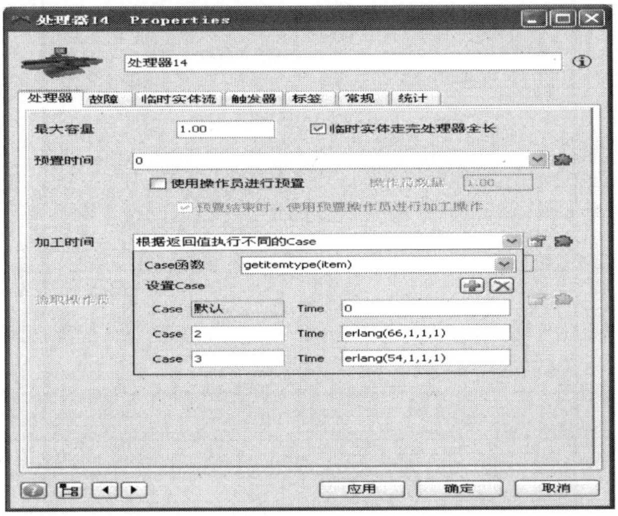

（a）

（b）

图 5.59　处理器设置（八）

第十步：定义机器组 5

机器组 5 的设置方法与机器组 3 一样，只是设置内容不同。由上文知，第 1 类原料从机器组 2 流入，流向吸收器，加工时间服从均值是 30 分钟的 erlang 分布；第 3 类原料从机器组 2 流入，流向机器组 1，加工时间服从均值是 15 分钟的 erlang 分布，如图 5.60（a）所示。同时还需设置端口连接及输出端口，如图 5.60（b）所示。

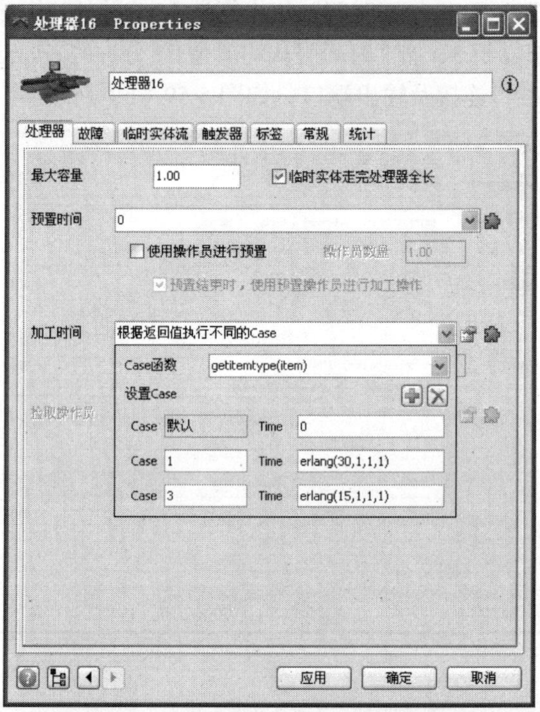

（a）

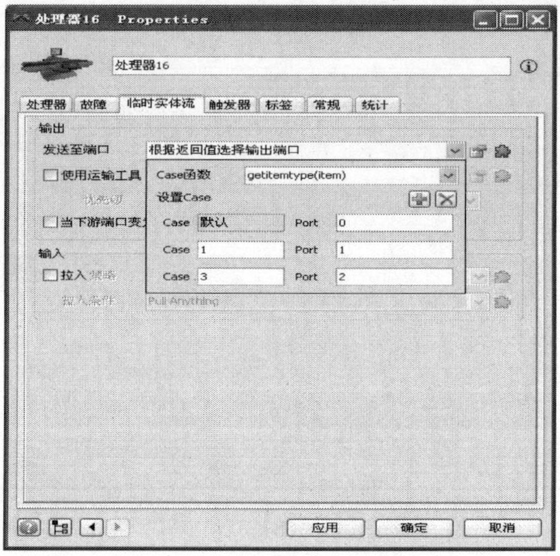

（b）

图 5.60　处理器设置（九）

第十一步：定义暂存区

在暂存区的参数窗口中，将暂存区最大容量改为 1 000，如图 5.61 所示。

图 5.61 暂存区设置（三）

第十二步：设置模型运行时间

将运行时间设置为 365×8×60=175 200 单位时间。

第十三步：编译、重置、运行模型

点击"主视窗重置"按钮。对模型进行重置可以确保所有系统变量被设置回初始值，并将模型中所有临时实体清除。

选择"主视窗运行"按钮，可以看到红、黄、蓝三种不同颜色的原料从系统中流过，经过不同机器组的加工最后离开系统，如图 5.62 所示。

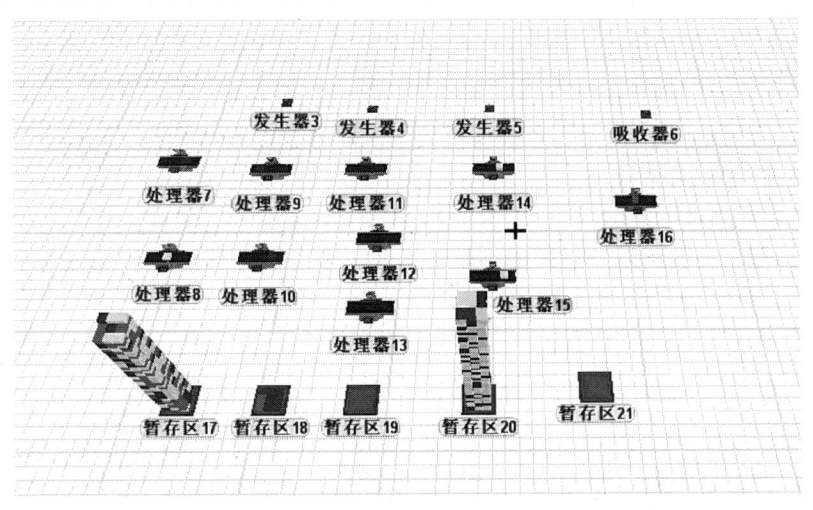

图 5.62 实体模型（八）

4. 思考题

观察该模型存在什么问题？如何解决这些问题呢？试分析说明。

实验 5　单品种流水线生产系统仿真与分析

1. 学习内容

（1）如何建立一个单品种流水线生产系统的复杂布局。
（2）如何对传送带的布局进行设置。
（3）如何对产品类型的变换进行设置。
（4）如何对同一处理器耗费不同时间加工不同类产品进行设置。
（5）如何对产品输送流向进行设置。

新实体：

在本课中将学习发生器、暂存区、处理器、传送带和吸收器实体。

预计完成时间：

完成本课大约需要 60 分钟。

概念定义：

流水线是指劳动对象按照一定的工艺路线，顺序地通过各个工作地，并按照统一的生产速度（节拍）完成工艺作业的连续、重复的生产过程。单品种流水线又称不变流水线，指流水线上只固定生成一种制品。这就要求制品的数量足够大，以保证流水线上的设备有足够的负荷。

2. 模型描述

某制造车间有 5 台不同的机器加工一种产品，该种产品需要 7 道工序才能完成，而每道工序必须在指定的机器上按事先规定好的工艺顺序进行。

假定在保持车间逐日连续工作的条件下，仿真在多对象标准化中采用不同投产计划的工作情况。在不同投产计划组合中选出高生产效率、低流动库存方案来减少占用资金。概念模型如图 5.63 所示。

此模型需要思考的问题：

（1）搜集何种数据用于对模型进行分析？
（2）如何对模型进行数据分析？
（3）该模型的瓶颈是什么？
（4）根据瓶颈如何对模型进行改进？

系统数据：

（1）产品的计划投产批量方案：10，20，30。
（2）产品的计划投产间隔：10，20，30，40，50，60。
（3）仿真时间：1 天（即 1 440 分钟）。

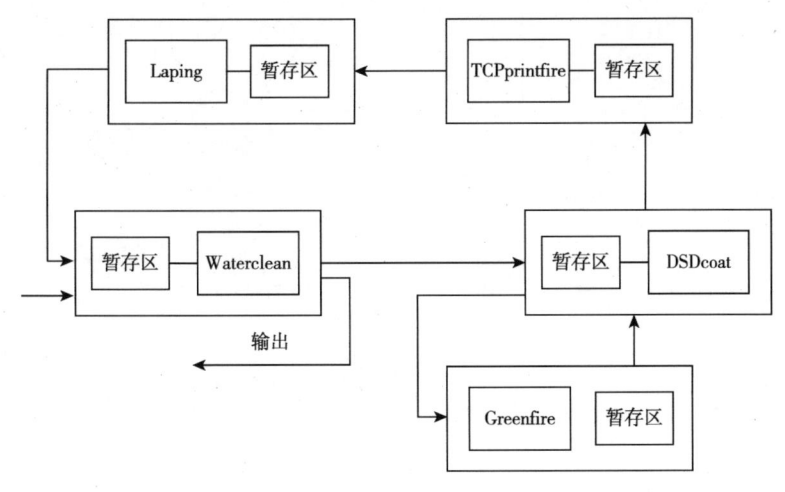

图 5.63　概念模型（四）

（4）加工工序如表 5.2 所示。

表 5.2　加工工序

工序	机器名称	平均加工时间/分钟	加工批量/批
1	Waterclean	7	5
2	DSDcoat	14	5
3	Greenfire	5	5
4	DSDcoat	15	5
5	TCPprintfire	30	10
6	Laping	20	10
7	Waterclean	10	5

3. 建模步骤

第一步：模型实体设计。各实体元素的简要说明如表 5.3 所示。

表 5.3　实体元素（二）

模型元素	系统元素	备注
Flowitem	原料	默认生成类型 1 的原料
Source	原材料库	原材料的始发处
Processor	机器	进行不同的参数定义以表征不同机器组中的机器
Conveyor	传送带	传送产品
Queue	机器组暂存区	半成品存储处
Sink	成品库	原料加工后的最终去处

第二步：创建实体

从库中拖出 1 个发生器、1 个吸收器、1 个传送带、5 个处理器和 5 个暂存区到视图中。把实体按照概念中的位置摆好，如图 5.64 所示。

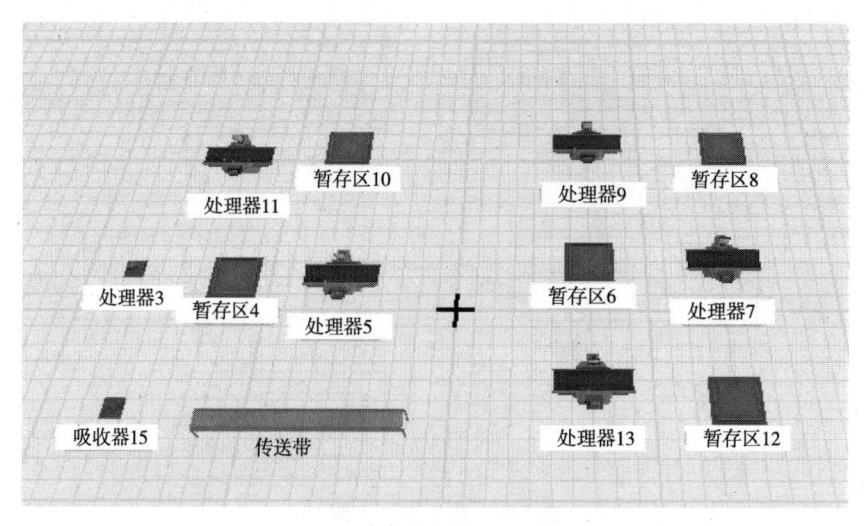

图 5.64 实体模型（九）

第三步：修改名称

鼠标左键双击中间的处理器，弹出实体属性的对话框，在最上方的名称栏里修改成相应的名称，如图 5.65 所示。

图 5.65 处理器设置（十）

对于其他需要修改的实体，进行同样的操作，改成如下名称（按顺序依次排列）：

	Laping	Queue5	TCPprintfire	Queue4
Input	Queue1	Waterclean	Queue2	DSDcoat
Output		Conveyor		Greenfire	Queue3

第四步：连接端口

按照图 5.63 所示箭头方向用 A 键连接，如图 5.66 所示。

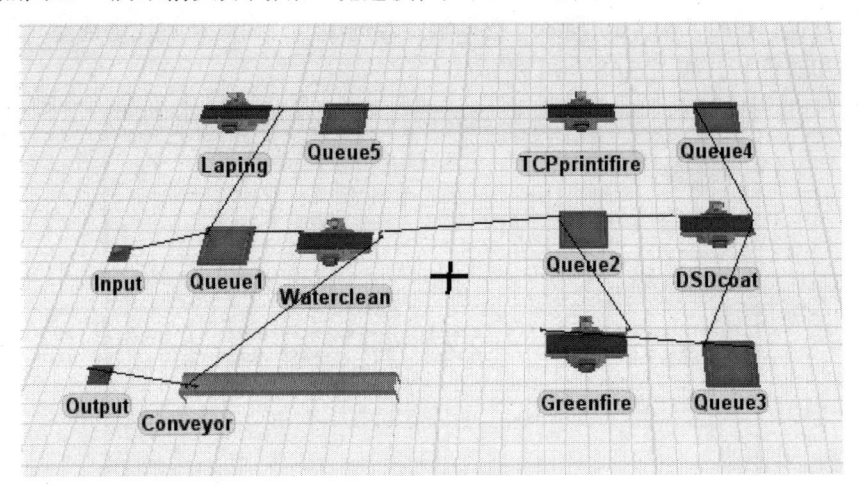

图 5.66　实体模型（十）

第五步：调整 Conveyor 布局。双击传送带，在属性菜单窗口中选择布局选项卡，添加一段平直和一段弯曲的传送带，并设置适当参数，如图 5.67 所示。

图 5.67　传送带设置（二）

第六步：给 Input 指定流动实体流到达参数

双击 Input，在弹出的属性窗口里，选择发生器选项卡，到达方式选择"到达时间表"，然后进行设置，如图 5.68（a）所示。选择触发器选项卡，在离开触发中选择"设置临时实体类型和颜色"，如图 5.68（b）所示。

（a）

（b）

图 5.68　触发器设置

第七步：给暂存区设定参数

将所有暂存区的容量设为 2 000 000，如图 5.69 所示。

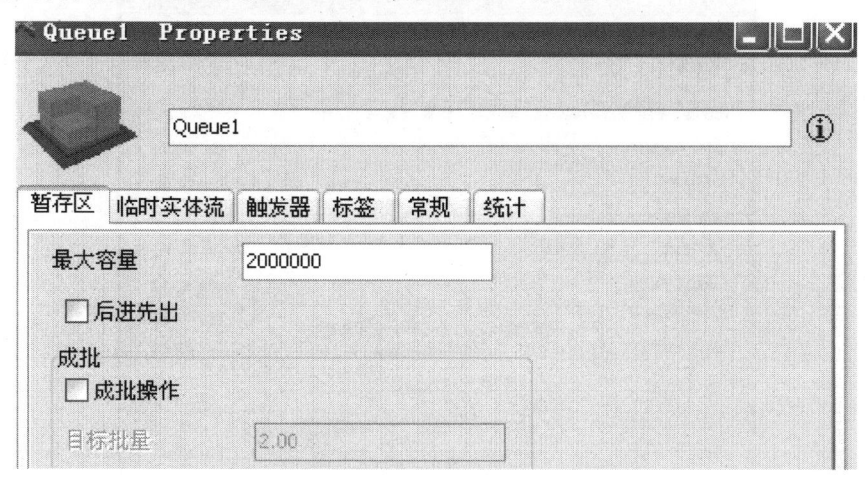

图 5.69　暂存区设置（四）

第八步：给处理器 Greenfire 设定参数

加工时间为 5 分钟，加工批量为 5 件，产品类型 1 经加工后变为产品类型 2，将最大容量改为 5，将加工时间改为 5，如图 5.70 所示。

图 5.70　处理器设置（十一）

为了把加工后的产品设为类型 2，在触发器中对加工结束触发进行设置，如图 5.71 所示。

触发器选项卡中，选择"设置临时实体颜色（也可使用数值）"选项，将颜色设为绿色，如图 5.72 所示。

图 5.71　处理器设置（十二）

图 5.72　处理器设置（十三）

第九步：给处理器 Waterclean 设定参数

加工时间为类型 1 产品 7 分钟，类型 2 产品 10 分钟，加工批量为 5 件，加工时间设置为"根据返回值执行不同的 Case"，最大容量为 5，如图 5.73 所示。

图 5.73 处理器设置（十四）

接下来设定不同类型的产品加工完后送到不同的出口接收。在临时实体流选项卡中，发送至端口选择"根据返回值选择输出端口"，如图 5.74 所示。

第十步：给处理器 DSDcoat 设定参数

加工时间为类型 1 产品 14 分钟，类型 2 产品 15 分钟，加工批量为 5 件，加工时间设置为"根据返回值执行不同的 Case"，最大容量为 5，如图 5.75 所示。

图 5.74　处理器设置（十五）

图 5.75　处理器设置（十六）

接下来设定不同类型的产品加工完后送到不同的出口接收。在临时实体流选项卡中，发送至端口选择"根据返回值选择输出端口"，如图 5.76 所示。

图 5.76 处理器设置（十七）

第十一步：给处理器 TCPprintfire 设定参数

加工时间为 30 分钟，加工批量为 10 件，最大容量为 10，如图 5.77 所示。

图 5.77 处理器设置（十八）

第十二步：给处理器 Laping 设定参数

加工时间为 20 分钟，最大容量为 10 件，如图 5.78 所示。

图 5.78　处理器设置（十九）

第十三步：编译、重置、运行模型

点击"主视窗重置"按钮。对模型进行重置可以确保所有系统变量被设置回初始值，并将模型中所有临时实体清除。

选择"主视窗运行"按钮，可以看到模型中出现了两种颜色的原料，而且 Laping、Queue5、TCPprintfire、Queue4 以及 Conveyor 中只通过绿色原料，如图 5.79 所示。

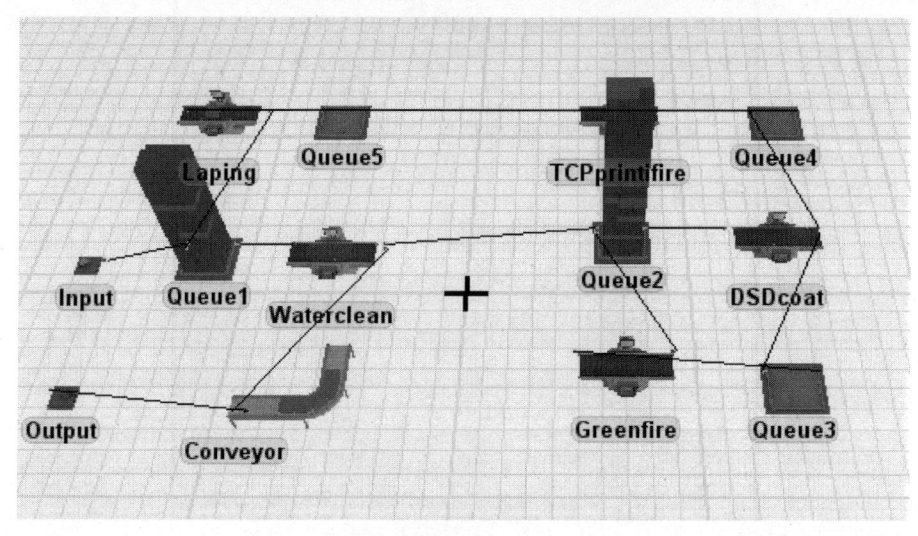

图 5.79　实体模型（十一）

4. 思考题

观察该模型存在什么问题？如何解决这些问题呢？试分析说明。

实验 6　混合流水线系统仿真与分析

1. 学习内容

（1）如何建立一个混合流水线系统的复杂布局。
（2）如何对发生器进行设置，使其不同时间产生不同类型产品。
（3）如何对实体在一定条件下关闭端口进行设置。
（4）如何修改编程语言。

新实体：
在本课中将学习发生器、暂存区、传送带、处理器和吸收器实体。

预计完成时间：
完成本课大约需要 60 分钟。

概念定义：
多对象流水线生产有两种基本形式。
一种为可变流水线，指在计划期内，按照一定的间隔期，成批轮番生产多种产品或在间隔期内，只生产一种产品，在完成规定的批量后，转生产另一种产品。
另一种为混合流水线，指在同一时间内，流水线上混合生产多种产品。

2. 模型描述

一个工厂有五个不同的车间（普通机床车间、钻床车间、铣床车间、磨床车间、检测车间），加工三种类型的产品。每种产品都要按工艺顺序在五个不同的车间完成五道工序。假定在保持车间逐日连续工作的条件下，仿真在多对象标准化中生产采用不同投产顺序来生产给定数量的 3 种产品。概念模型如图 5.80 所示。

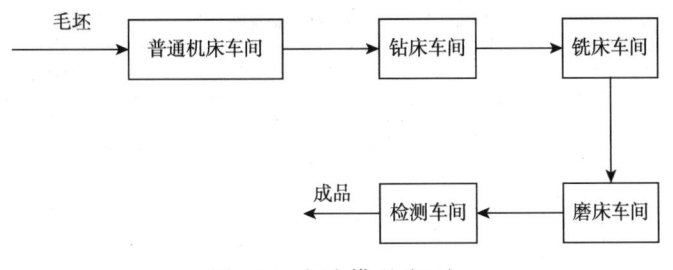

图 5.80　概念模型（五）

此模型需要思考的问题：
（1）搜集何种数据用于对模型进行分析？
（2）如何对模型进行数据分析？

(3) 该模型的瓶颈是什么?

(4) 根据瓶颈如何对模型进行改进?

系统数据如表 5.4~表 5.6 所示。

表 5.4　车间配备（单位：台）

车间配备	普通机床车间	钻床车间	铣床车间	磨床车间	检测车间
机器数量	3	3	2	3	1

表 5.5　加工时间（单位：分钟）

产品	普通机床车间	钻床车间	铣床车间	磨床车间	检测车间
产品 1	5	5	4	4	6
产品 2	4	4	3	4	3
产品 3	4	5	3	4	1

表 5.6　产品数量

产品	总数/个	每批量/个	时间间隔/分钟
产品 1	1 000	10	3
产品 2	500	5	3
产品 3	200	2	3

3. 建模步骤

第一步：模型实体设计，实体元素的简要说明如表 5.7 所示。

表 5.7　实体元素（三）

模型元素	系统元素	备注
Flowitem	原料	不同实体类型代表不同类型的原料，分别标为 1、2、3
Source	原材料库	原材料的始发处
Processor	机器	进行不同的参数定义以表征不同机器组中的机器
Queue	机器组暂存区	半成品存储处
Conveyor	传送带	运输产品
Sink	成品库	原料加工后的最终去处

第二步：创建实体

从库中拖出 1 个发生器、1 个吸收器、1 个传送带、12 个处理器和 5 个暂存区到视图中。把实体按照概念中的位置摆好，如图 5.81 所示。

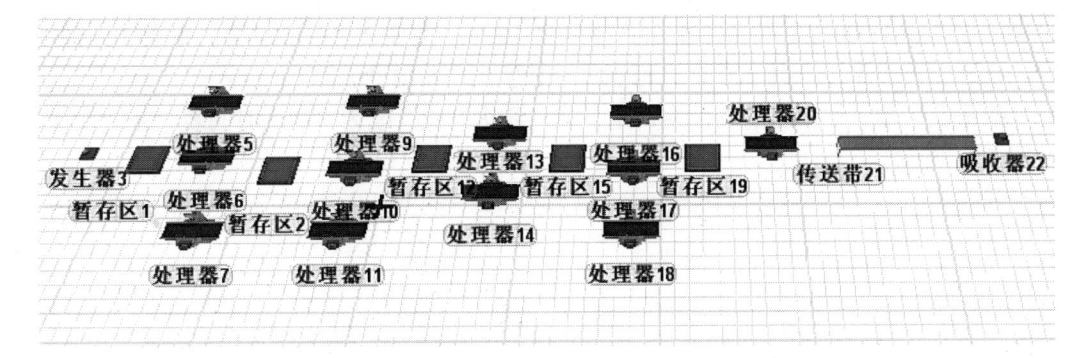

图 5.81 实体模型（十二）

第三步：修改名称

鼠标左键双击中间的处理器，弹出实体属性的对话框，在最上方的名称栏里修改成相应的名称，如图 5.82 所示。

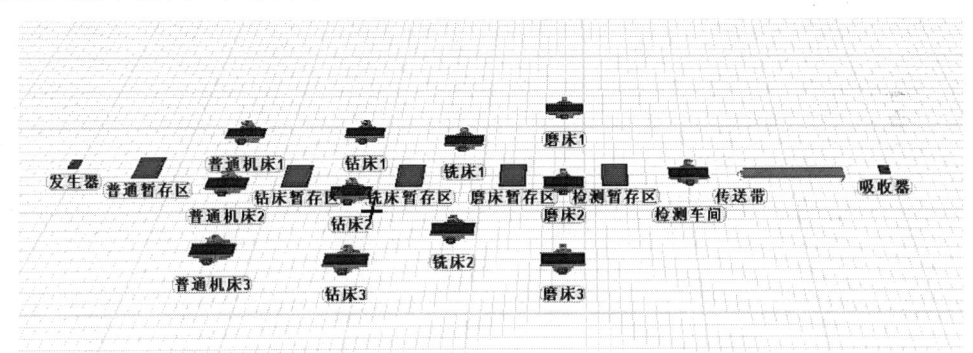

图 5.82 实体模型（十三）

第四步：连接端口

端口连接过程如图 5.82 所示，按照图示模型从发生器开始直到吸收器为止，将各个实体依次连接且各连接线全部使用 A 键连接，如图 5.83 所示。

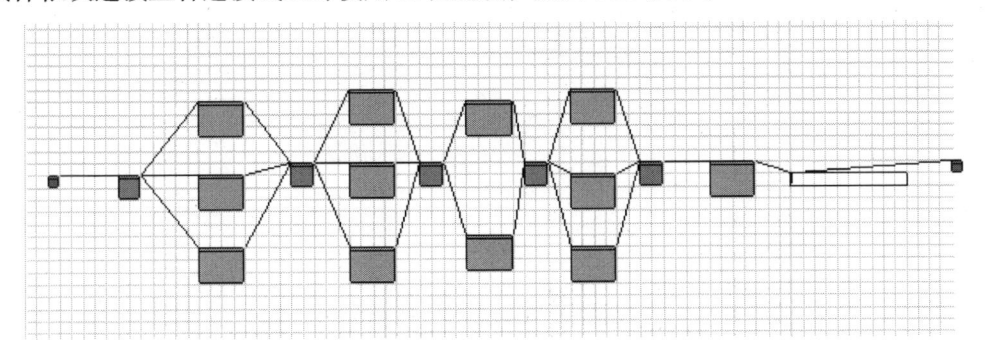

图 5.83 平面视图（三）

第五步：给发生器指定临时实体流到达参数

在发生器的设定里，需要让其循环产生 3 种类型的产品，共计 1 700 个产品时。其中类型1产品1 000个，每隔3分钟产生一批10个；类型2产品500个，每隔3分钟生产一批5个；类型3产品200个，每隔3分钟生产一批2个。

双击发生器，在弹出的属性窗口里，将"到达方式"改为"到达时间表"并做设置，如图5.84所示。

图5.84　发生器设置（五）

下面对产品颜色进行设置，为了便于观察，将其设为不同的颜色，在触发器选项卡中，创建触发选择"设置临时实体类型和颜色"，如图5.85所示。

图5.85　发生器设置（六）

最后设定当总共生产1 700个产品时，发生器自动停止生成产品。在触发器选项卡中，离开触发选择"关闭输出"，并做如下设置，如图 5.86 所示。

图 5.86　发生器设置（七）

然后单击离开触发选项后的 图标进入如图5.87所示界面。

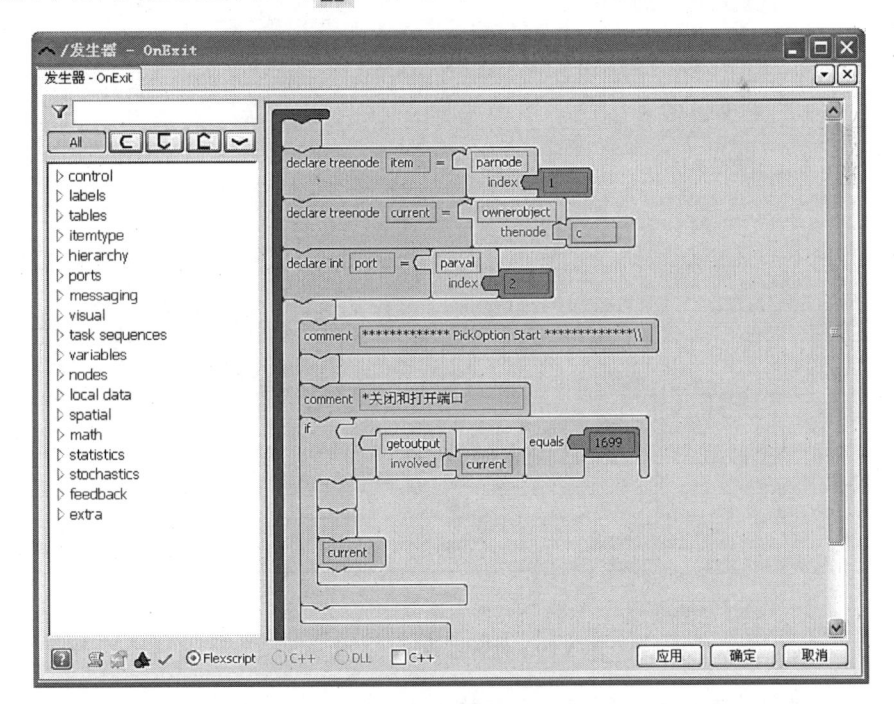

图 5.87　发生器设置（八）

单击图中视窗中左下角的图标，进入代码编辑界面，将第 11 行的汉字"关闭输出"改为"closeoutput"。

第六步：给普通暂存区设定参数

总共需加工 1 700 个产品，故而将所有暂存区的容量都设为 1 700 个，如图 5.88 所示。

图 5.88　暂存区设置（五）

第七步：给普通机床车间处理器组设定参数

类型 1 产品加工时间为 5 分钟，类型 2 产品加工时间为 4 分钟，类型 3 产品加工时间为 4 分钟。加工时间设置为"根据返回值执行不同的 Case"，具体设置如图 5.89 所示。

图 5.89　处理器设置（二十）

第八步：给钻床车间处理器组设定参数

类型 1 产品加工时间为 5 分钟，类型 2 产品加工时间为 4 分钟，类型 3 产品加工时间为 5 分钟。加工时间设置为"根据返回值执行不同的 Case"，具体设置如图 5.90 所示。

图 5.90　处理器设置（二十一）

第九步：给铣床车间处理器组设定参数

类型 1 产品加工时间为 4 分钟，类型 2 产品加工时间为 3 分钟，类型 3 产品加工时间为 3 分钟。加工时间设置为"根据返回值执行不同的 Case"，具体设置如图 5.91 所示。

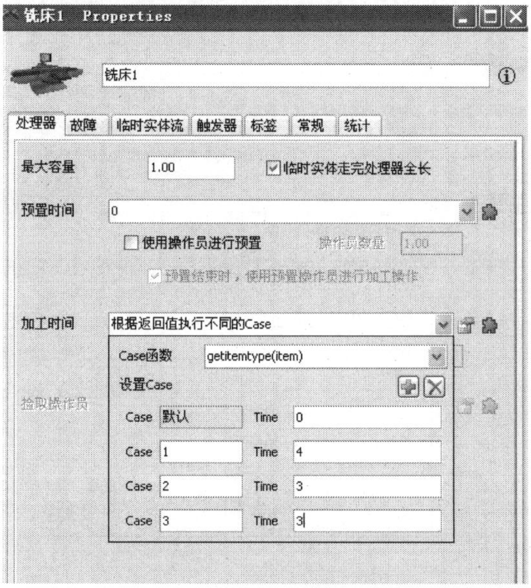

图 5.91　处理器设置（二十二）

第十步：给磨床车间处理器组设定参数

类型 1 产品加工时间为 4 分钟，类型 2 产品加工时间为 4 分钟，类型 3 产品加工时间为 4 分钟。加工时间设置为"根据返回值执行不同的 Case"，如图 5.92 所示。

图 5.92　处理器设置（二十三）

第十一步：给检测车间处理器组设定参数

类型 1 产品加工时间为 6 分钟，类型 2 产品加工时间为 3 分钟，类型 3 产品加工时间为 1 分钟。加工时间设置为"根据返回值执行不同的 Case"，具体设置如图 5.93 所示。

图 5.93　处理器设置（二十四）

第 5 章　物流仿真实验　　129

第十二步：设置模型停止时间

设置传送带，使得模型在第 1 700 个产品离开传送带进入吸收器时自动停止。在触发器选项卡中，在"传输结束触发"中选择"终止模型（重复）运行"并进行设置，如图 5.94 所示。

图 5.94　传送带设置（三）

同发生器的设置一样，在此要进入代码编辑界面，将第 11 行的"="删去。

第十三步：编译、重置、运行模型

点击"主视窗重置"按钮。对模型进行重置可以确保所有系统变量被设置回初始值，并将模型中所有临时实体清除。

选择"主视窗运行"按钮可以看到，发生器只产生 1 700 个产品后就会停止，吸收器在吸收完 1 700 个产品后整个模型运行就会停止，如图 5.95 所示。

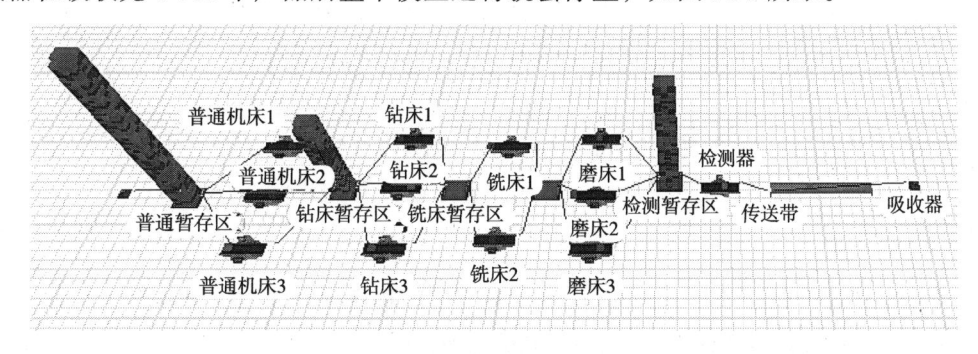

图 5.95　实体模型（十四）

4. 思考题

观察该模型存在什么问题？如何解决这些问题呢？试分析说明。

实验 7　分拣中心仿真与分析

1. 学习内容

（1）根据前几次课程学到的知识综合建模，达到灵活掌握 Flexsim 的目的。

（2）输出报告，得出结论。

课程完成时间：

完成本课大约需要 30 分钟。

2. 模型描述

这是一个分拣中心货物处理系统的模拟，模拟的是分拣中心在处理各方送来的货物时内部的处理流程，由于分拣中心处理货物必须先将货物过滤分类，但在现实中货物种类繁多，因此本模型仅将邮件分为省内货物和省外货物。货物到达后，依其类型给予 2 种不同类型，经由传送带到达处理器处理，此步骤主要是把货物按照其不同的类型分开来，再分别送到不同的货架上等待配送车辆运送出去。概念模型如图 5.96 所示。

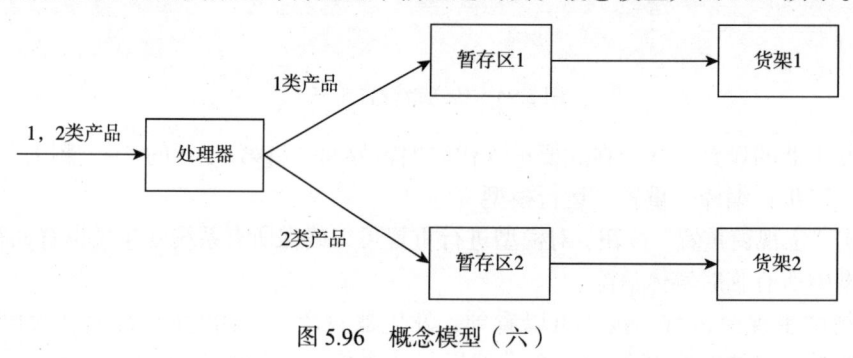

图 5.96　概念模型（六）

系统数据：

（1）产品到达：随机产生两种类型的产品，平均每 15 秒到达一个产品，标准差为 2 秒。

（2）产品加工：平均加工时间为 1 秒，标准差为 0.5 秒。

（3）产品运送：使用两辆叉车，举起和放下速度均为 3 秒。

3. 建模步骤

首先在计算机桌面上双击 Flexsim 图标打开应用程序。软件装载后将看到 Flexsim 菜单和工具按钮、库以及视图窗口，如图 5.97 所示。

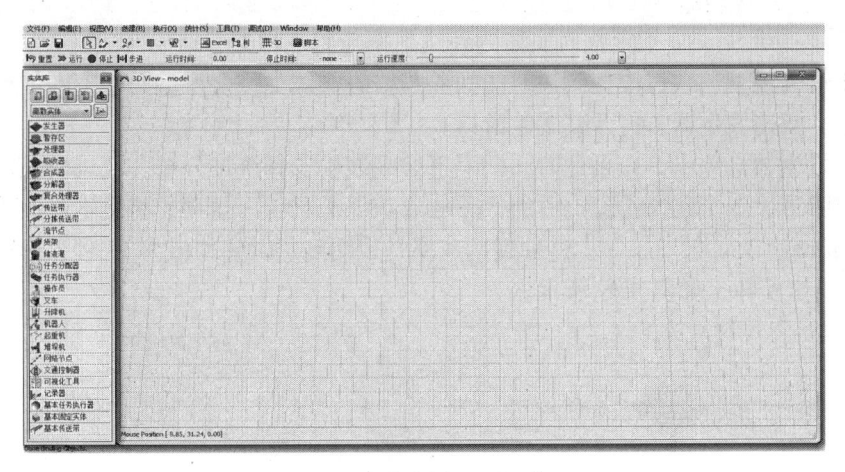

图 5.97　视图窗口（三）

第一步：创建实体

创建 1 个发生器、1 个处理器、3 个传送带、2 个暂存区以及 2 个货架到视图中。修改图中实体的名字，如图 5.98 所示。

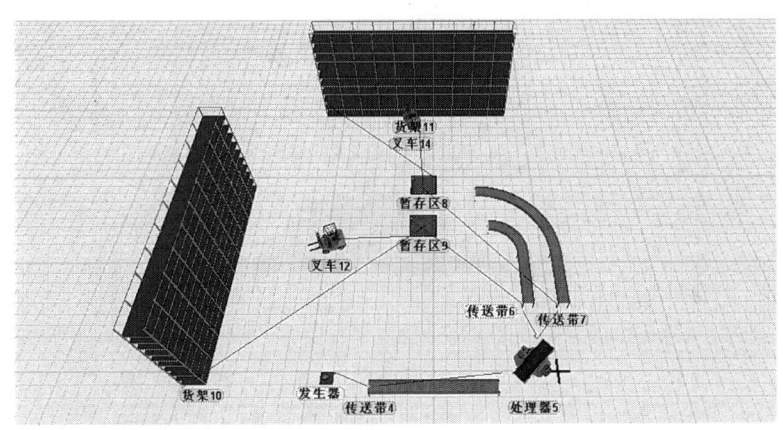

图 5.98　实体模型（十五）

第二步：端口连接

点击按钮或者按住 A 键进入连接模式。进入连接模式后，有两种连接方式可以用来连接两个实体。一种方法是单击一个实体，然后单击另外一个实体。另一种方法是点击一个实体，将其拖动至另外一个实体处。需要注意的是，连接方向将会直接影响到临时实体的流动方向，因为临时实体会从连接的第一个实体流向被连接的实体。另外，点击按钮或按下 Q 键，使用与连接相同的方式即可断开连接，如图 5.98 所示。

（1）发生器与第一个传送带连接。
（2）把传送带与处理器连接。
（3）处理器与后 2 个传送带相连接。
（4）后两个传送带分别与 2 个暂存区连接。
（5）2 个暂存区分别与 2 个货架连接。

第三步：给 Source 指定临时实体的到达速率与到达种类

对于这一模型，通过改变到达时间间隔与临时实体类型会产生两种不同的产品类型进入系统。双击发生器，打开其属性窗口。

点击发生器选项卡，在到达时间间隔下拉列表中选择统计分布。代码模板窗口和建议性窗口弹出，双击建议性窗口中的"normal（0，1，0）"选项，将文本修改为"统计分布：normal（15，2，1）"。这种到达速率是表明到达时间均值为 15 秒，标准方差为 2 内产生一个实体，如图 5.99 所示。

图 5.99　发生器设置（九）

下面需要为临时实体指定一个实体类型和颜色，使进入系统的临时实体的类型在 1~2 均匀分布。最好的做法是在发生器的"创建触发器"中改变实体类型，所以先不要关闭参数窗口。

第四步：设置临时实体的类型及颜色

选择发生器的触发器分页。为离开触发器（点击+按钮）增加一个函数。首先打开离开触发器下拉菜单，在下拉菜单中选择"设定临时实体类型和颜色"，弹出代码模板窗口。离散均匀分布与均匀分布相似，但返回的不是给定的参数之间的任意实数值，而是离散整数值。默认的文本此时可以直接引用于此案例，如图 5.100 所示。

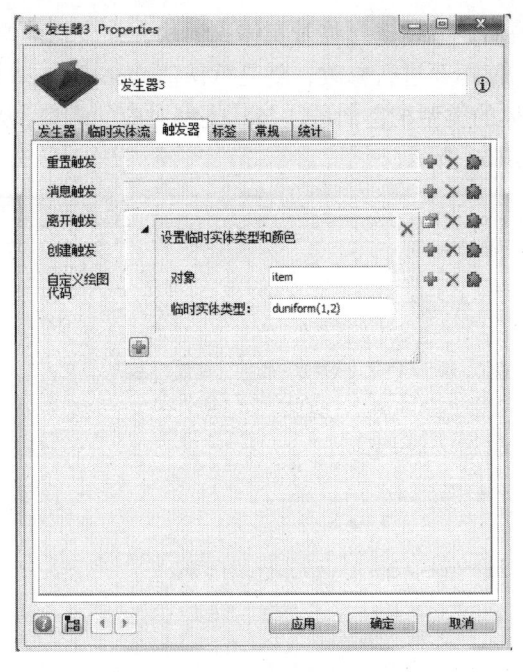

图 5.100 发生器设置（十）

这个指令指 Source 会随着触发随机将实体分为两种类型并给每种类型不同的颜色，从而达到区分国内和国外信件的目的。保存后关闭窗口。

第五步：设定处理器方向与加工时间

双击第一个处理器，就会出现其参数视窗点击处理器分页，在加工时间模块中，选择时间下拉菜单中的统计分布，弹出代码模板窗口，附带打开可供选择的建议性窗口，如图 5.101 所示。数据如下，"统计分布：normal（1，0.5，1）"。

图 5.101 处理器设置（二十五）

点击应用后不要关闭，继续选择临时实体流模块，在发送至端口下拉菜单选择"指定端口"选项，里面的值不要进行修改，就是默认值 getitemtype（item）。这个指令表示 Processor 将根据实体的类型把它们送往与其类型对应的端口，从而达到分拣国内和国外邮件的目的，如图 5.102 所示。

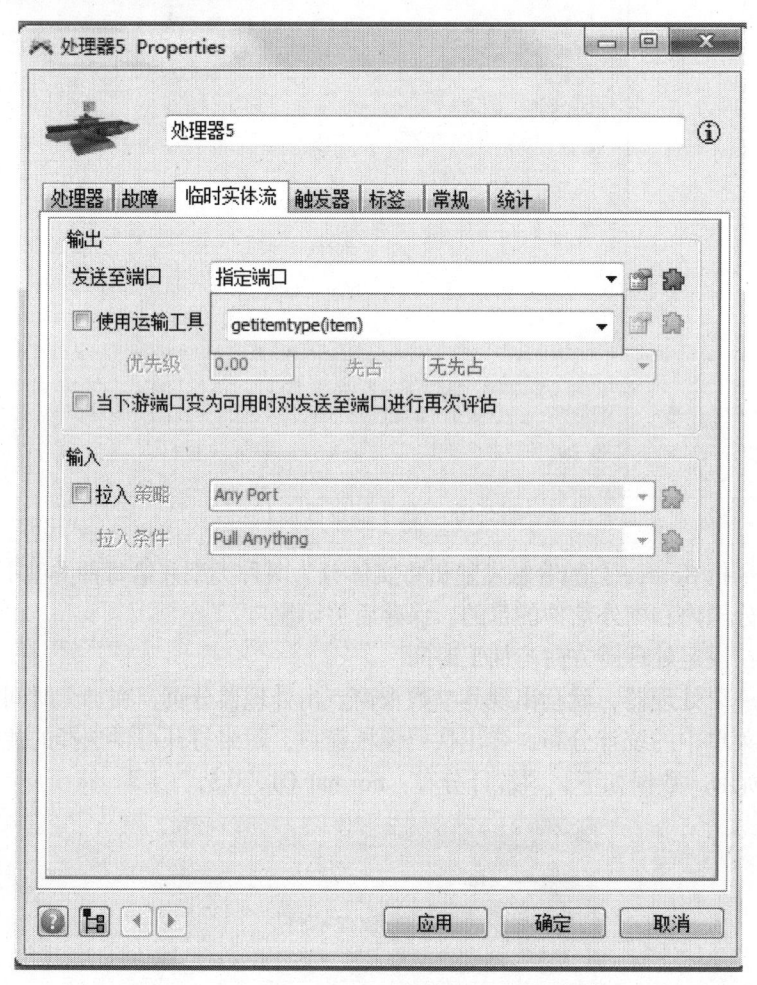

图 5.102　处理器设置（二十六）

在常规选项里更改模型的方向，使该模型更加美观，改变 RZ（绕 z 轴方向旋转的角度）为 45°，使 Processor 偏转 45° 角放置，如图 5.103 所示。

图 5.103　模型设置

第六步：更改两条传送带方向

双击传送带，对其参数进行设置。选择"布局"选项，把始点沿 z 轴旋改为 90°，把长度改为 5，点击"添加"按钮，增加一条弯曲的传送带，并将半径改为 3，如图 5.104 所示（第二条适当修改，美观即可）。

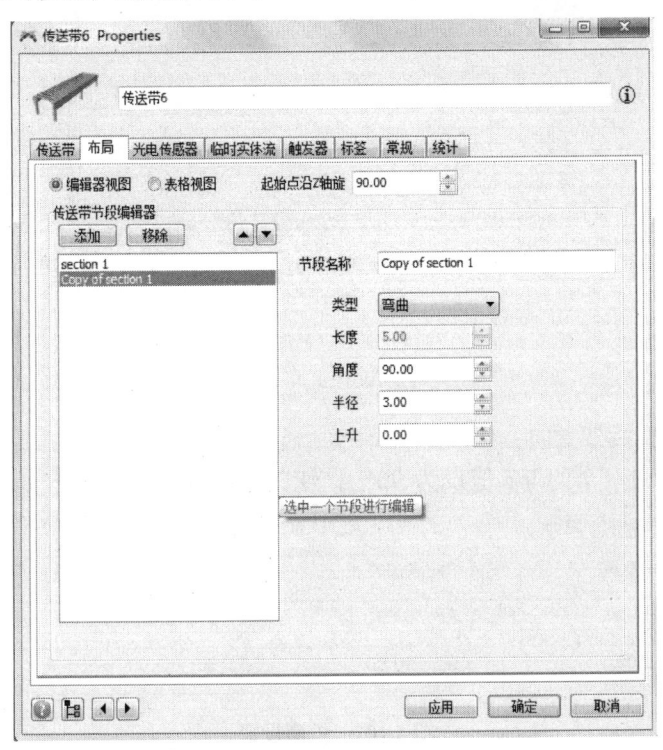

图 5.104　传送带设置（四）

第七步：设置暂存区

对于两个暂存区，需要设置它们使用运输工具，在临时实体流选项中把"使用运输工具"一栏画"√"，如图 5.105 所示。

图 5.105　暂存区设置（六）

第八步：加入叉车

用 S 键连接暂存区到叉车，并根据上文要求设置叉车参数，把装载时间改为 3，指令表示叉车的举起速度为 3 秒，同样的方法设置卸载的速度也是 3 秒，如图 5.106 所示。

图 5.106　叉车设置

第九步：调整货架方向

将两个货架中一个的 RZ 值设为 90°，使其沿 y 轴方向放置，如图 5.107 所示。

图 5.107　模型设置

第十步：重新设置和运行模型

点击"主视窗重置"按钮。对模型进行重置可以确保所有系统变量被设置回初始值，并将模型中所有临时实体清除。运行模型得到以下情况，如图 5.108 所示。

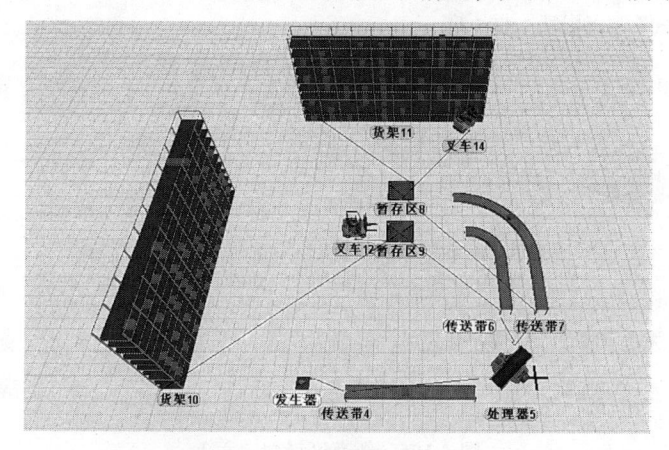

图 5.108　实体模型（十六）

4. 思考题

思考如何对此模型进行完善？

实验 8　回购中心的规划与模拟

1. 学习内容

（1）基本模型建立。
（2）熟悉建模过程与参数设置。
新实体：
在本课中将学习分解器、储液罐和流节点的用法。
预计完成时间：
完成本课大约需要 30 分钟。

2. 模型描述

近年来，环保团队大力提倡垃圾回收，位于某地的一家垃圾回收站把回收来的资源分为铁铝罐、宝特瓶和塑胶三大类后存储起来。概念模型如图 5.109 所示。

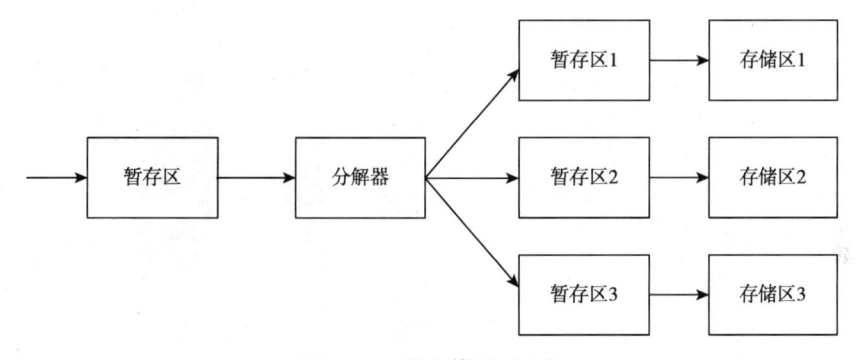

图 5.109　概念模型（七）

系统数据：
（1）垃圾到达的时间间隔服从均值为 15，标准差为 3 的正态分布。
（2）分拣垃圾的时间间隔服从最大值为 7 的指数分布。
（3）储存垃圾的容器容积各为 500 单位。
（4）垃圾经过分类处理后需要起重机和叉车运送到储存容器。

3. 建模步骤

首先在计算机桌面上双击 Flexsim 图标打开应用程序。软件装载后将看到 Flexsim 菜单和工具按钮、库以及视图窗口，如图 5.110 所示。

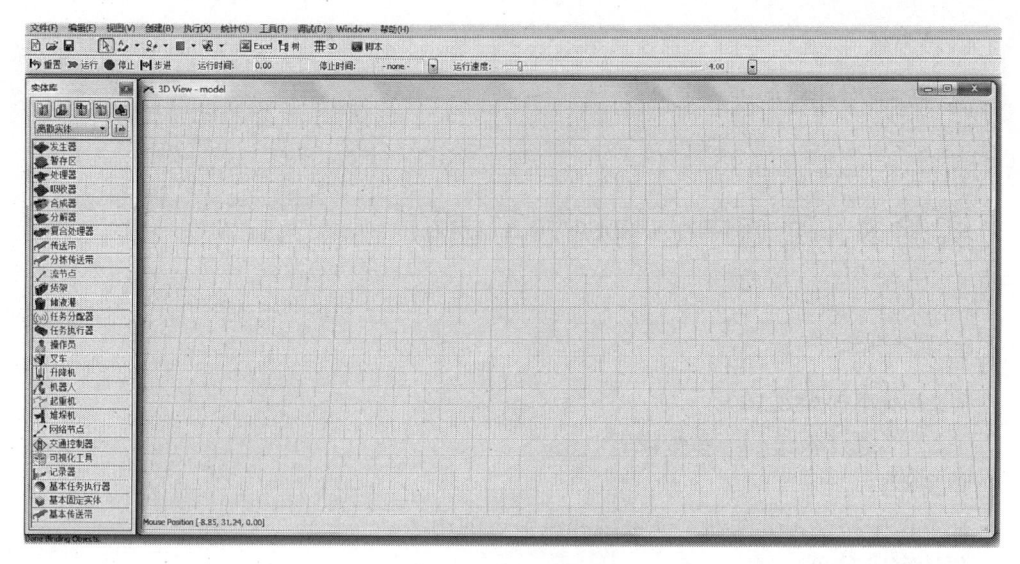

图 5.110 窗口视图

第一步：创建实体

创建 1 个发生器、1 个分解器、2 个传送带和 3 个流节点、3 个暂存区、2 个储液罐以及 1 个货架到视图中。修改图中实体的名字，如图 5.111 所示。

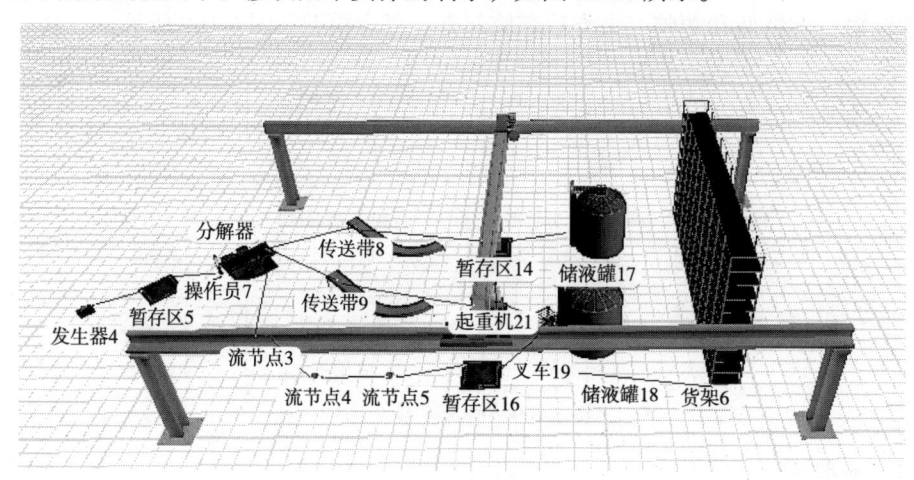

图 5.111 实体模型（十七）

第二步：端口连接

点击按钮或者按住 A 键进入连接模式。进入连接模式后，有两种连接方式可以用来连接两个实体。一种方法是单击一个实体，然后单击另外一个实体。另一种方法是点击一个实体，将其拖动至另外一个实体处。需要注意的是，连接方向将会直接影响到临时实体的流动方向，因为临时实体会从连接的第一个实体流向被连接的实体。点击按钮或按下 Q 键，使用与连接相同的方式即可断开连接，如图 5.111 所示。

（1）发生器与第一个暂存区连接。
（2）暂存区与分解器连接。

（3）分解器分别与 2 个传送带以及第一个流节点相连接。
（4）3 个流节点依次连接，接着到第二个暂存区，最后连接到一个货架上。
（5）2 个传送带与 2 个暂存区连接（对应连接）。
（6）2 个暂存区分别连接起重机（使用 S 键连接）。
（7）2 个暂存区与 2 个储液罐连接（对应连接）。
（8）第一个暂存区连接操作员（使用 S 键连接）。
（9）最下面的暂存区连接叉车（使用 S 键连接）。

第三步：Source 的参数设置

对于这一模型，通过改变到达时间间隔与临时实体类型会产生两种不同的产品类型进入系统。双击发生器，打开其属性窗口。

点击发生器选项卡，在到达时间间隔下拉列表中选择统计分布。代码模板窗口和建议性窗口弹出，双击建议性窗口中的"normal（0，1，0）"选项，将文本修改为"统计分布：normal（15，3，1）"。这种到达速率是表明到达时间均值为 15 秒，标准方差为 3 内产生一个实体，如图 5.112 所示。

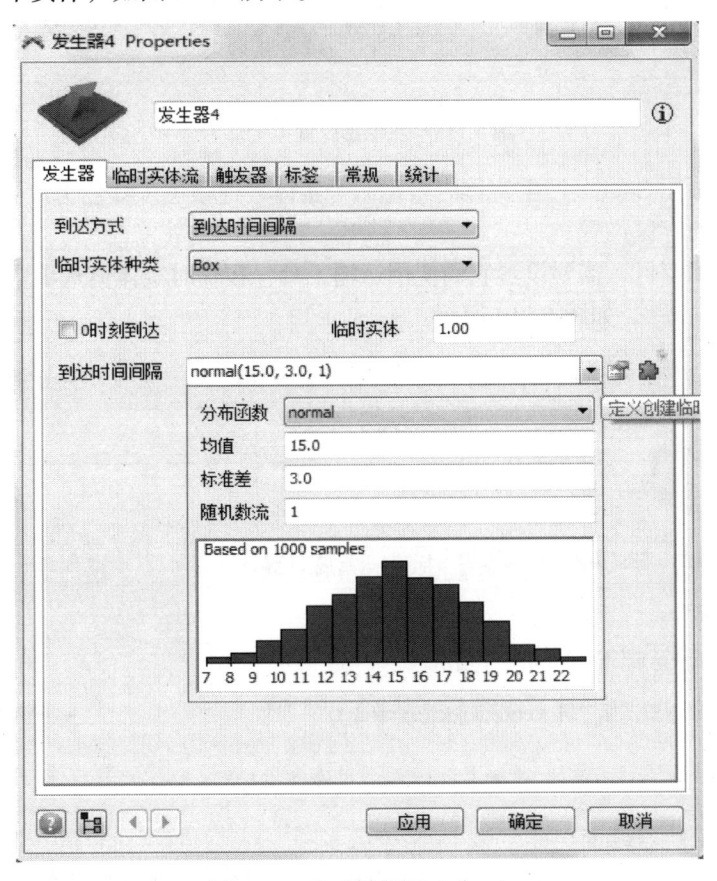

图 5.112　发生器设置（十一）

接下来对产生流动实体的颜色进行修改。在触发器选项中的离开触发下拉菜单选择"设置临时实体颜色（也可使用数值）"，设置为红色，如图 5.113 所示。

图 5.113　发生器设置（十二）

这个指令表示 Source 产生实体时给每一个实体一种颜色（红色）。

第四步：暂存区设置

对于两个暂存区，需要设置它们使用运输工具，在临时实体流选项中把"使用运输工具"一栏画"√"，如图 5.114 所示。

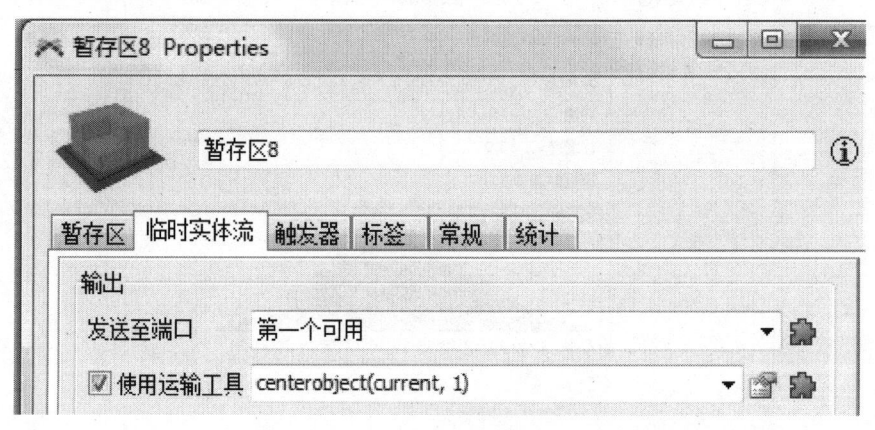

图 5.114　暂存区设置（七）

第五步：分解器设置

由于模型需要分解出三份，所以双击分解器，在加工时间下拉菜单中选择分布函数 exponential（0，7，1），如图 5.115 所示。

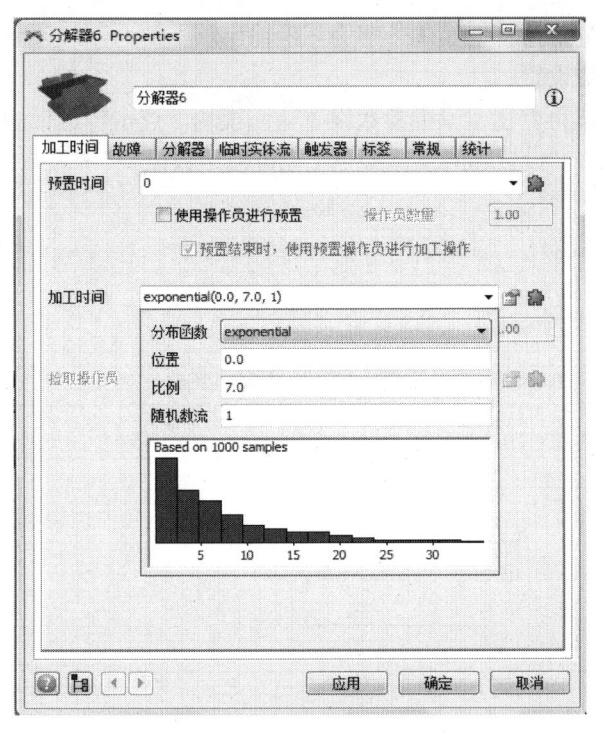

图 5.115　分解器设置

这个指令表示分解器处理实体的时间间隔服从最大值为 7 的指数分布。接下来点击分解器选项，在 Split/Unpack Quantity 下拉菜单中选择"指定数量"，把这个值改为 3，如图 5.116 所示。

图 5.116　分解器设置

这个指令表示分解器将把实体分解为三份输出。

第六步：传送带设置

美观度在这里不再赘述，只说参数设置这一模块。点击传送带的触发器选项，在离开触发下拉菜单选择"设置临时实体颜色（也可使用数值）"选项，把颜色设置成绿色，如图 5.117 所示。

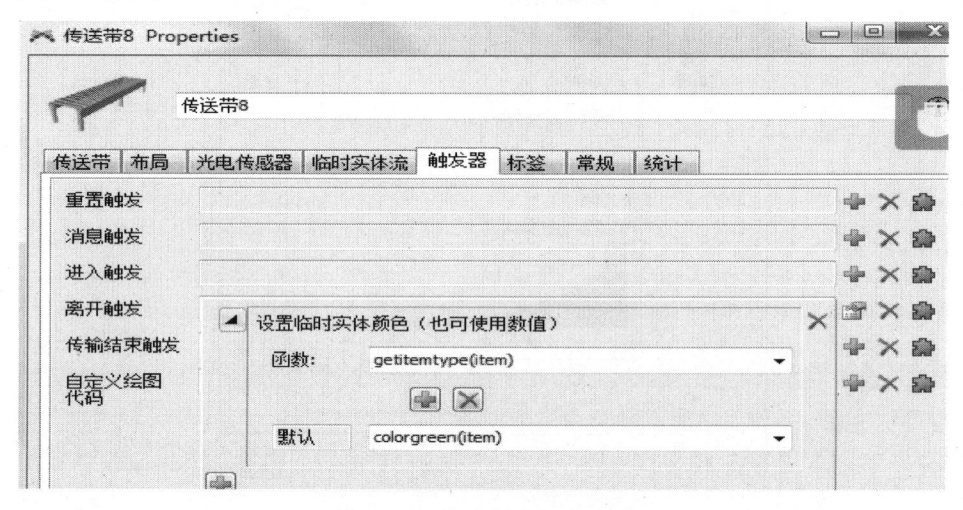

图 5.117　传送带设置（五）

这个指令表示传送带把实体送走的时候随机触发动作将实体染为绿色。用同样的方法将另一个传送带染成黄色。

第七步：储液罐设置

设置储液罐的最大容量为 500，如图 5.118 所示。

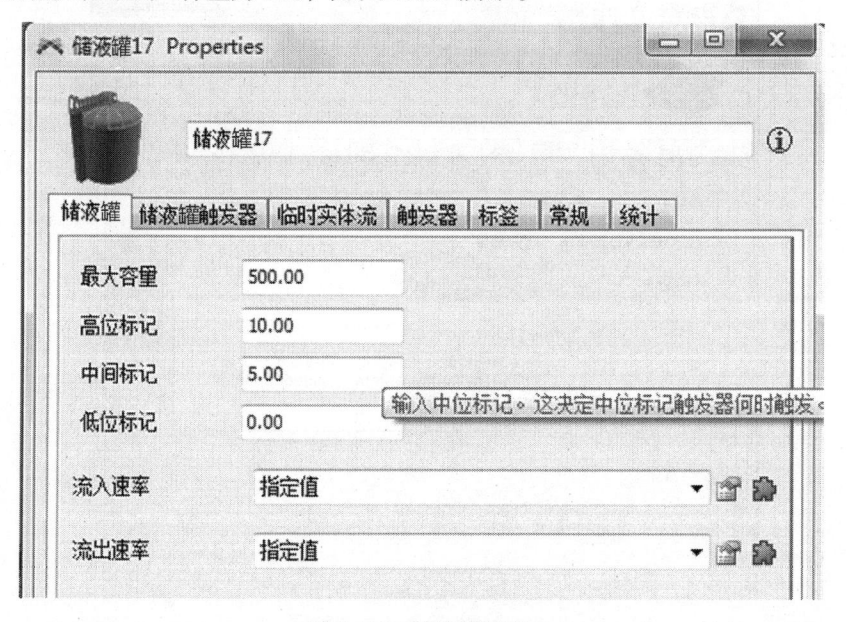

图 5.118　储液罐设置

第 5 章 物流仿真实验

另一个储液罐使用一样的设置方法。

第八步：货架设置

设置货架的最大容量为 500，如图 5.119 所示。

图 5.119 货架设置

第九步：打开数据记录开关

点击"文件"主菜单下的"另存为"子菜单，用新名字保存模型。按下 Shift 键，选择所有实体，选择"统计>实体图形数据>打开选中实体"，如图 5.120 所示。

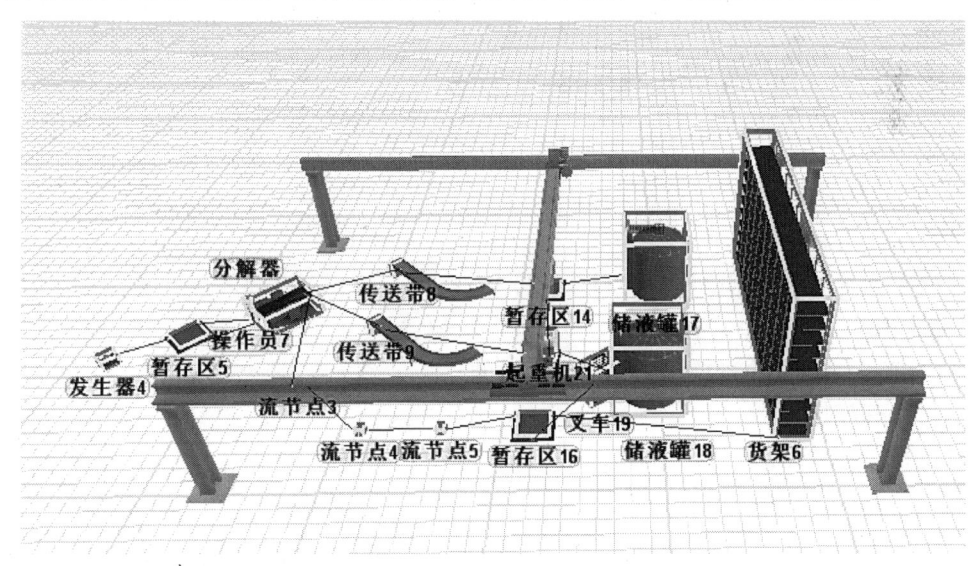

图 5.120 实体模型（十八）

要显示直方图与当前数量图，必须打开统计收集。

一旦统计收集被打开,在实体周围将会出现绿色窗口,这些实体就可以进行统计记录。点击"统计>实体图形数据>隐藏绿色指示框"可以隐藏绿色窗口。

第十步:模型运行

点击"主视窗重置"按钮。对模型进行重置可以确保所有系统变量被设置回初始值,并将模型中所有临时实体清除。运行模型得到以下情况,对此进行分析,如图 5.121 所示。

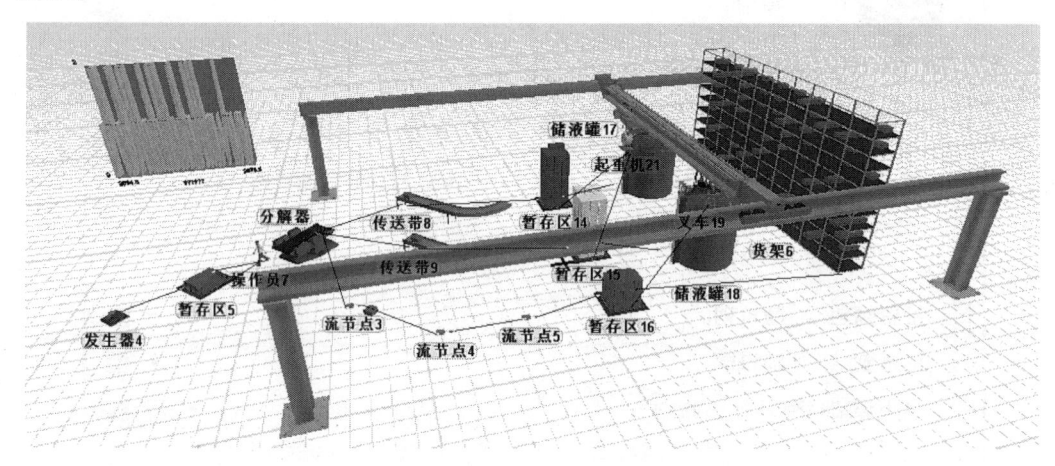

图 5.121 实体模型(十九)

4. 思考题

观察并改进模型。

实验 9　配送中心仿真与分析

1. 学习内容

(1)基本建模。

(2)熟悉实例模型建模过程与参数设置。

新实体:

本实验中涉及的全部模型都是之前讲过的。

预计完成时间:

完成本课大约需要 30 分钟。

2. 模型描述

某配送中心从三个供应商进货,向三个生产商发货。仿真的目标是研究该配送中心的即时库存成本和利润,并试图加以改善。概念模型如图 5.122 所示。

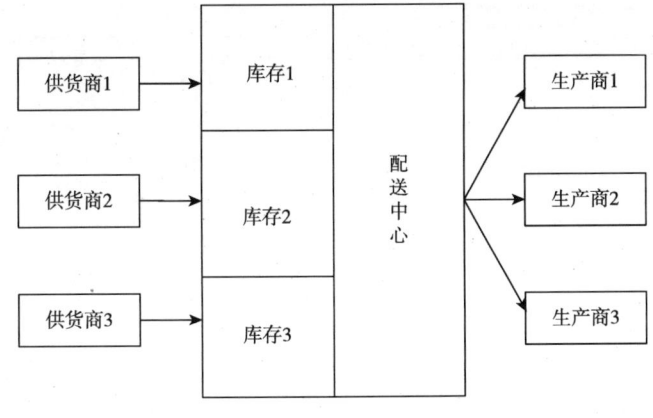

图 5.122　概念模型（八）

系统数据：

（1）供应商（三个）：当三个供应商各自供应的产品在配送中心的库存小于 10 件时开始生产，库存大于 20 件时停止生产。供应商 1 和供应商 2 分别以 4 小时一件的效率向配送中心送产品，供应商提供一件产品的时间服从 3~6 小时均匀分布。

（2）配送中心发货：当三个生产商各自的库存大于 10 件时停止发货。当生产商 1 的库存量小于 2 件时，向该生产商发货；当生产商 2 的库存量小于 3 件时，向该生产商发货；当生产商 3 的库存量小于 4 件时，向该生产商发货。

（3）配送中心成本和收入：进货成本 3 元/件；供货价格 5 元/件；每件产品在配送中心存 100 小时费用 1 元。

（4）生产商（三个）：三个生产商均连续生产。生产商 1 每生产一件产品需要 6 小时；生产商 2 每生产一件产品的时间服从 3~9 小时的均匀分布；生产商 3 每生产一件产品的时间服从 2~8 小时的均匀。

3. 建模步骤

首先在计算机桌面上双击 Flexsim 图标打开应用程序。软件装载后将看到 Flexsim 菜单和工具按钮、库以及视图窗口，如图 5.123 所示。

第一步：创建实体

创建 3 个发生器、6 个处理器、3 个货架、3 个暂存区以及 1 个吸收器到视图中。修改图中实体的名字，如图 5.124 所示。

第二步：端口连接

点击按钮或者按住 A 键进入连接模式。进入连接模式后，有两种连接方式可以用来连接两个实体。一种方法是单击一个实体，然后单击另外一个实体。另一种方法是点击一个实体，将其拖动至另外一个实体处。需要注意的是，连接方向将会直接影响到临时实体的流动方向，因为临时实体会从连接的第一个实体流向被连接的实体。点击按钮或按下 Q 键，使用与连接相同的方式即可断开连接，如图 5.124 所示。

（1）三个发生器分别与三个处理器连接。

（2）三个处理器与三个货架连接（对应连接）。

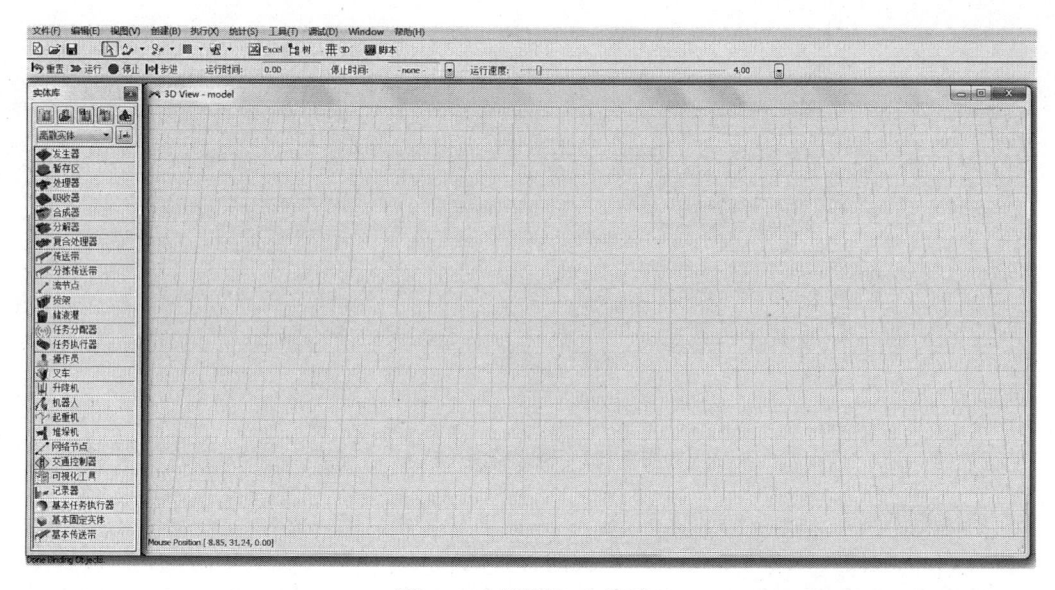

图 5.123　视图窗口（四）

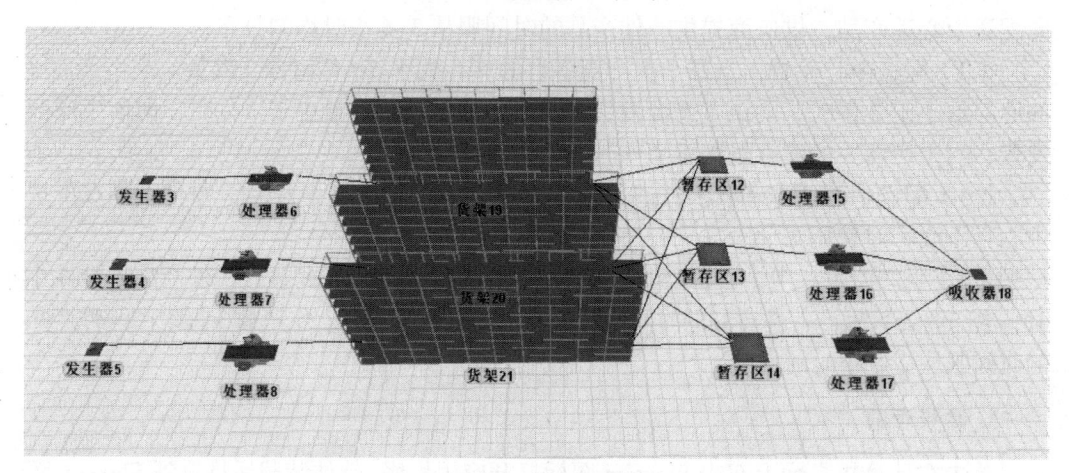

图 5.124　实体模型（二十）

（3）三个货架与三个暂存区连接（对应连接）。
（4）三个暂存区与三个处理器连接（对应连接）。
（5）三个处理器与暂存区分别连接。

第三步：Source 参数设置

因为三个 Source 只是产生产品的装置，所以对三个 Source 做同样的设定。为了使 Source 产生的实体不影响后面 Processor 的生产，应将它们产生实体的时间间隔设置得尽可能小。

双击一个 Source 打开参数设置页。在发生器的到达时间间隔的下拉菜单中输入 1。对于其他两个发生器选用一样的方法进行设置，如图 5.125 所示。

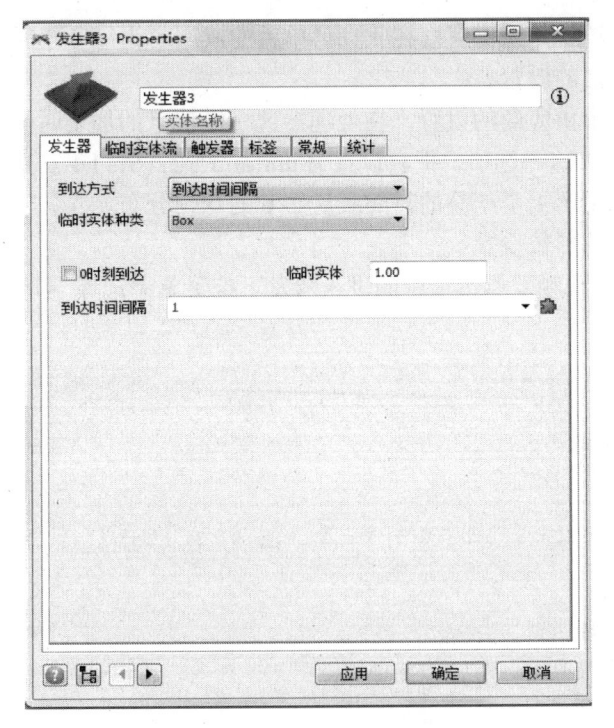

图 5.125　发生器设置（十三）

第四步：Processor 参数设置

三个 Processor 相当于三个供应商，根据预先设计好的数据对其进行设置，为了描述的需要，按照模型中由上至下的顺序依次将三个 Processor 看做供应商 1、供应商 2、供应商 3。

双击第一个处理器，把加工时间设为 4，如图 5.126 所示。

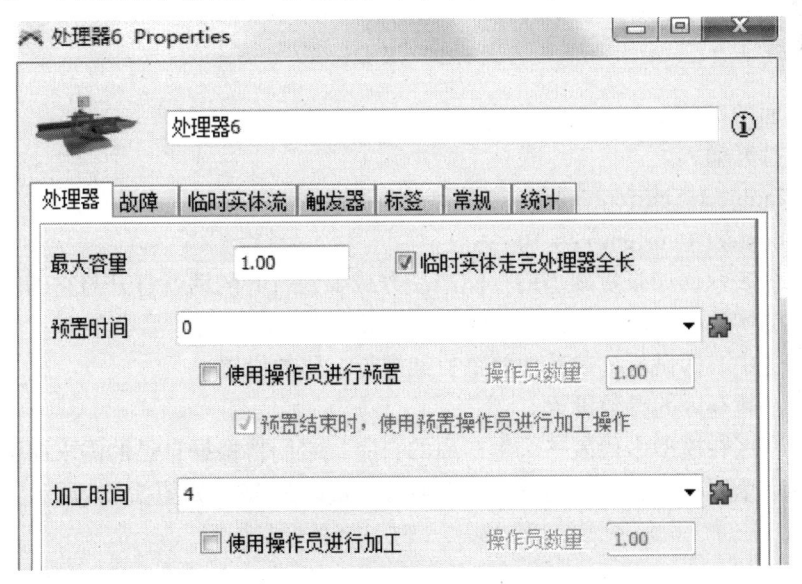

图 5.126　处理器设置（二十七）

这条指令的意思就是该供应商在收到订单后的成产率为每 4 小时一个产品。对于第二个供应商也是一样的设置。

下面是对第三个供应商的设置。在处理器这一模块下的加工时间的下拉菜单中选择 uniform（均匀分布）这一选项，把它设置为 uniform（2，6，1）。这条指令表示该供应商在收到订单后每生产 1 个产品的时间服从 2~6 的均匀分布。

第五步：货架的参数设置

双击打开窗口，在触发器选项中的进入触发下拉菜单中选择"打开输入"，如图 5.127 所示。

图 5.127　货架设置

修改里面的参数：

操作：打开输入

实体：inobject（current，1）

条件：content（current）==10

这条指令表示，如果货架当前存储产品数减少到 10 的话就打开与它的输入输出端口 1 相连接的实体的输入端口，这就相当于当来自供货商 1 的产品小于 10 个时供货商 1 就恢复对配送中心的供货。对其他两个货架进行一样的设置。

第六步：暂存区的参数设置

三个暂存区在模型中代表三个生产商的仓库，它们将根据自己的需求向配货中心订货。双击第一个暂存区（从上到下），把最大容量改为 15，如图 5.128 所示。

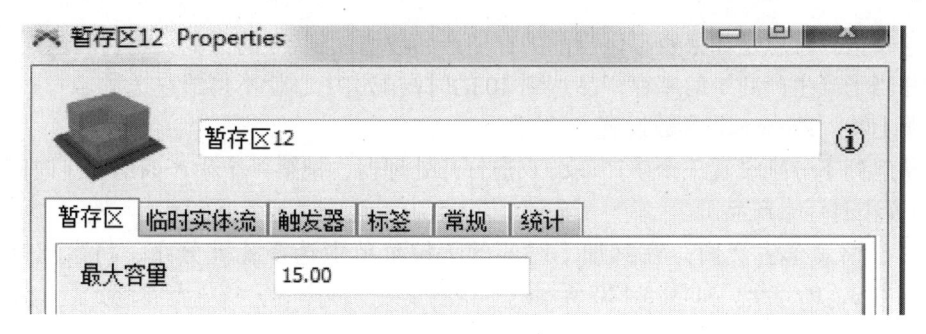

图 5.128　暂存区设置（八）

在临时实体流的拉入策略打"√"。点击拉入策略后面的 ，再点击刚刚打开的页面下面的 ，然后输入 return duniform（1,3）；Pull 命令表示实体将按照自己的需求从它前面的输出端口拉入所需实体。duniform（1,3）表示从 1 到 3 的均匀离散整数分布。

经过这样的设置之后，配送中心的三个货架将有均等的机会将自己的产品送到这个暂存区。

下面继续触发器一栏的设置，进入触发的下拉菜单选择"关闭输入"，如图 5.129 所示。

图 5.129　暂存区设置（九）

操作：关闭输入
实体：current
条件：content（current）>=10

这条指令意思是如果暂存区当前的存储产品数增加到 10 的话就关闭它的输入端口，这就相当于当生产商 1 的库存产品达到 10 的时候配送中心就不再给它送货。

第七步：Processor 参数设置

从上到下分别设置三个生产商，双击打开处理器，把第一个生产商的加工时间改为 6（每 6 小时一个产品）。

对于第二个生产商，在其加工时间的下拉菜单中选择统计分布，将数值修改为 uniform（3，9，1），如图 5.130 所示。

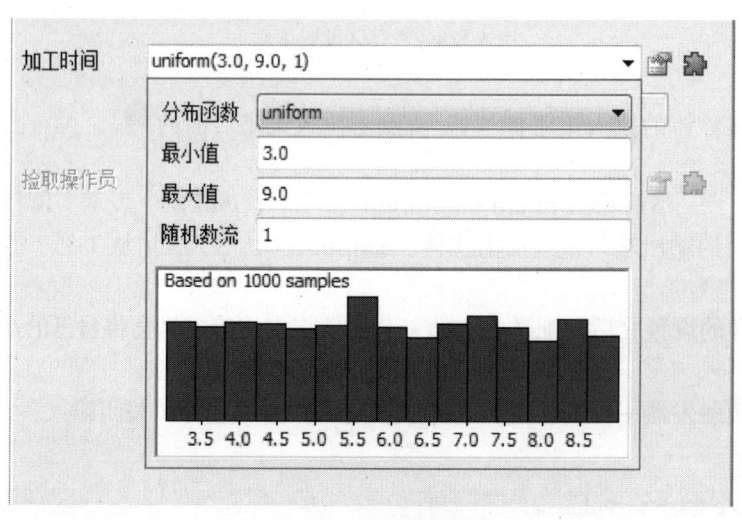

图 5.130　加工时间设置

该指令表示生产商生产一个商品的时间服从 3~9 的均匀分布。

对于第三个生产商，在其加工时间的下拉菜单中选择统计分布，将数值修改为 uniform（2，8，1），如图 5.131 所示。

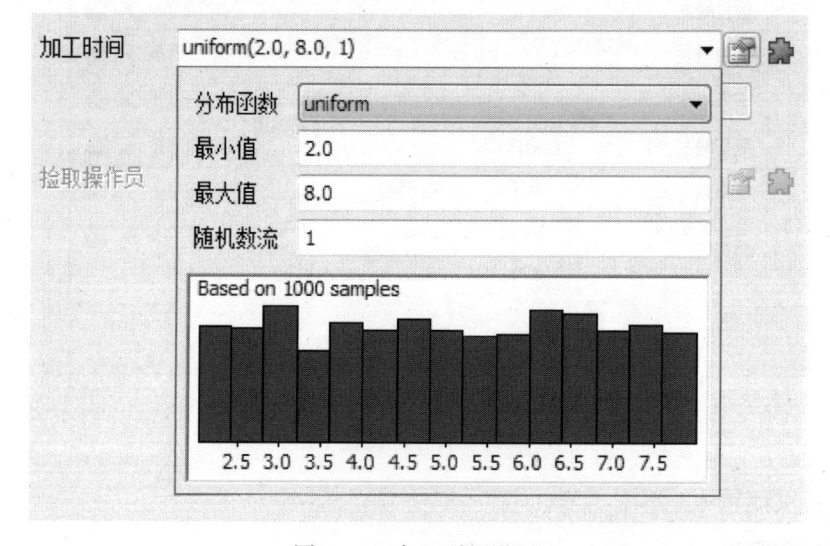

图 5.131　加工时间设置

该指令表示生产商生产一个商品的时间服从 2~8 的均匀分布。

第八步：重新设置和运行模型

点击"主视窗重置"按钮。对模型进行重置可以确保所有系统变量被设置回初始值，并将模型中所有临时实体清除。运行模型得到以下情况，对此进行分析，如图 5.132 所示。

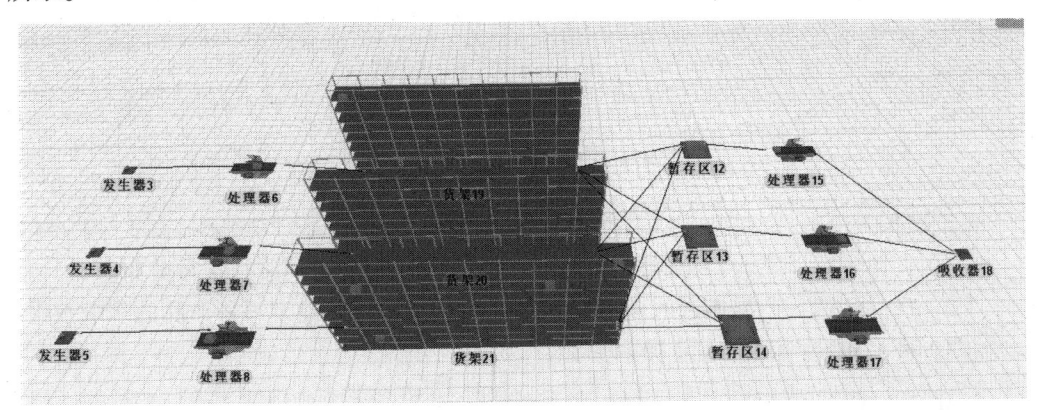

图 5.132　实体模型（二十一）

4. 思考题

如何调整参数才能使此模型更加优化？

实验 10　配货系统仿真与分析

1. 学习内容

（1）基本建模。
（2）熟悉实例模型建模过程与参数设置。

新实体：

只涉及一个没有接触过的实体——合成器。

预计完成时间：

完成本课大约需要 20 分钟。

2. 模型描述

一个小型发货商有 10 种产品运给 5 个客户，每个客户有着不同的订单，这个发货商的 10 种产品都有很大的供货量，所以当有订单来时即可发货。产品是放在托盘上输送出去的。概念模型如图 5.133 所示。

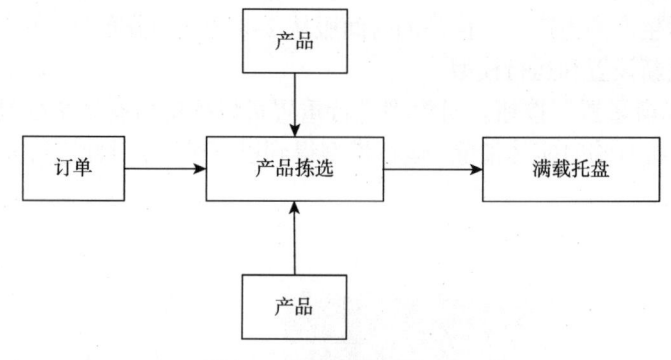

图 5.133　概念模型（九）

系统数据：
（1）订单到达：平均每小时产生 10 个订单，到达间隔时间服从指数分布。
（2）产品到达：产品拣选时间服从指数分布，根据订单确定每种产品的需求数量。
（3）产品包装：固定时间 10 秒。

3. 建模步骤

首先在计算机桌面上双击 Flexsim 图标打开应用程序。软件装载后将看到 Flexsim 菜单和工具按钮、库以及视图窗口，如图 5.134 所示。

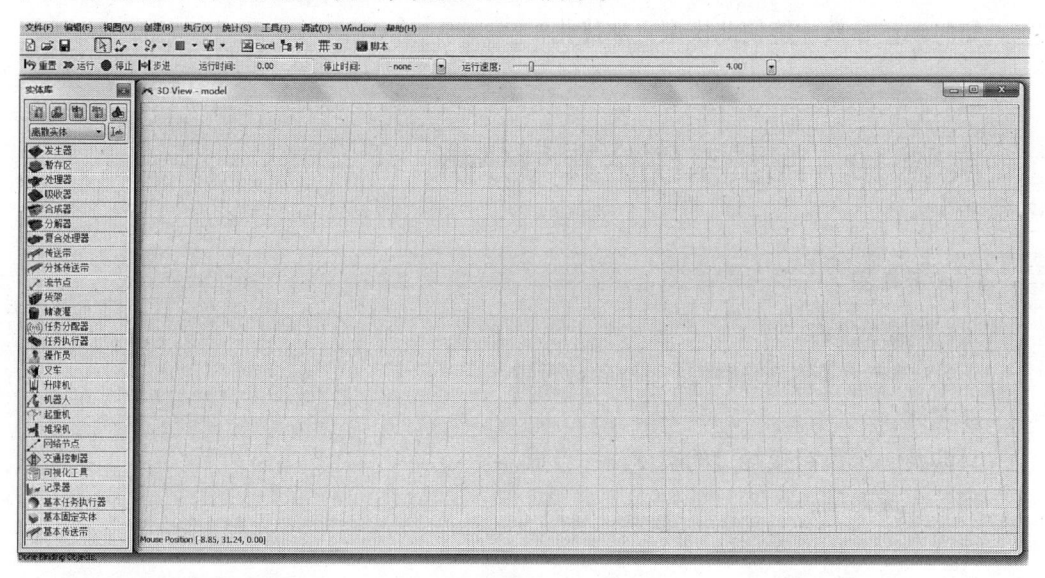

图 5.134　视图窗口（五）

第一步：创建实体
创建 10 个发生器、1 个合成器、1 个传送带、1 个吸收器到视图中。修改图中实体的名字，如图 5.135 所示。

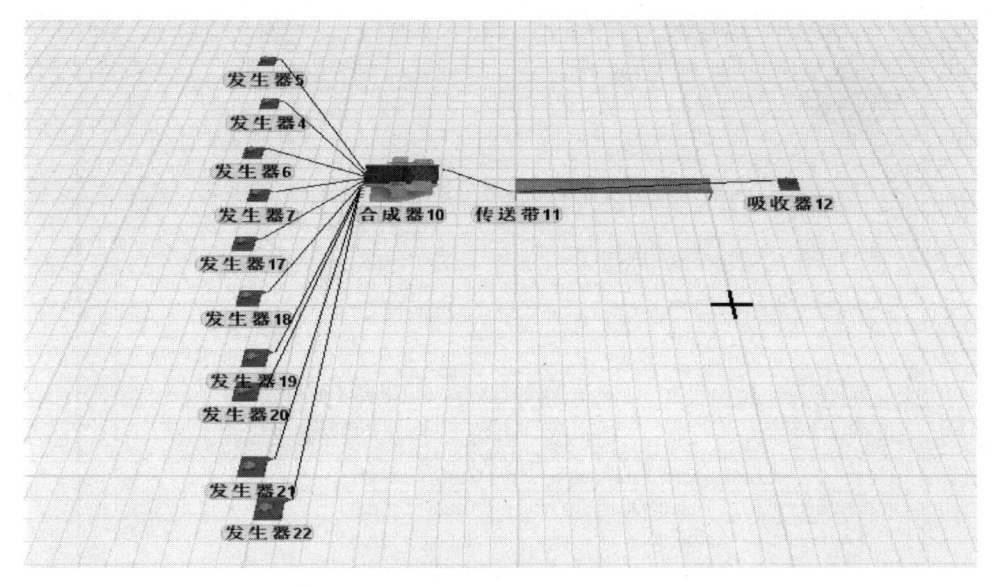

图 5.135　实体模型（二十二）

第二步：端口连接

点击按钮或者按住 A 键进入连接模式。进入连接模式后，有两种连接方式可以用来连接两个实体。一种方法是单击一个实体，然后单击另外一个实体。另一种方法是点击一个实体，将其拖动至另外一个实体处。需要注意的是，连接方向将会直接影响到临时实体的流动方向，因为临时实体会从连接的第一个实体流向被连接的实体。点击按钮或按下 Q 键，使用与连接相同的方式即可断开连接，如图 5.135 所示。

（1）11 个发生器分别与 1 个合成器连接。

（2）1 个合成器与 1 个传送带连接。

（3）1 个传送带与 1 个吸收器连接。

第三步：Source 参数设置

模型中 11 个 Source 实体，第一个 Source 定义为产生托盘，其余 10 个产生待包装的十种货物。

托盘的到达时间是固定的，每 3 600 个单位时间生产 10 个托盘。双击对应于托盘的那个实体，打开其参数设置窗口。把到达次数改为 5，点击刷新后进行数据设置，如图 5.136 所示。

第四步：定义全局表

之前设置过全局表，这里不再赘述，如图 5.137 所示。

第五步：设置合成器

在合成器触发一栏中选择进入触发下拉菜单中的更新合成器组建列表。

第六步：重新设置和运行模型

点击"主视窗重置"按钮。对模型进行重置可以确保所有系统变量被设置回初始值，并将模型中所有临时实体清除。运行模型得到以下情况，对此进行分析，如图 5.138 所示。

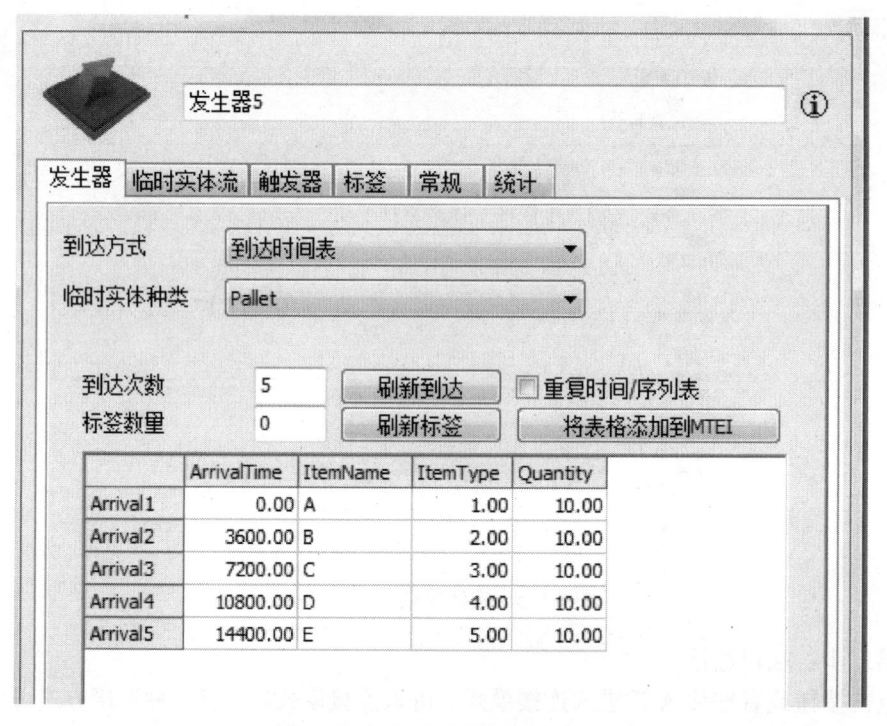

图 5.136　发生器设置（十四）

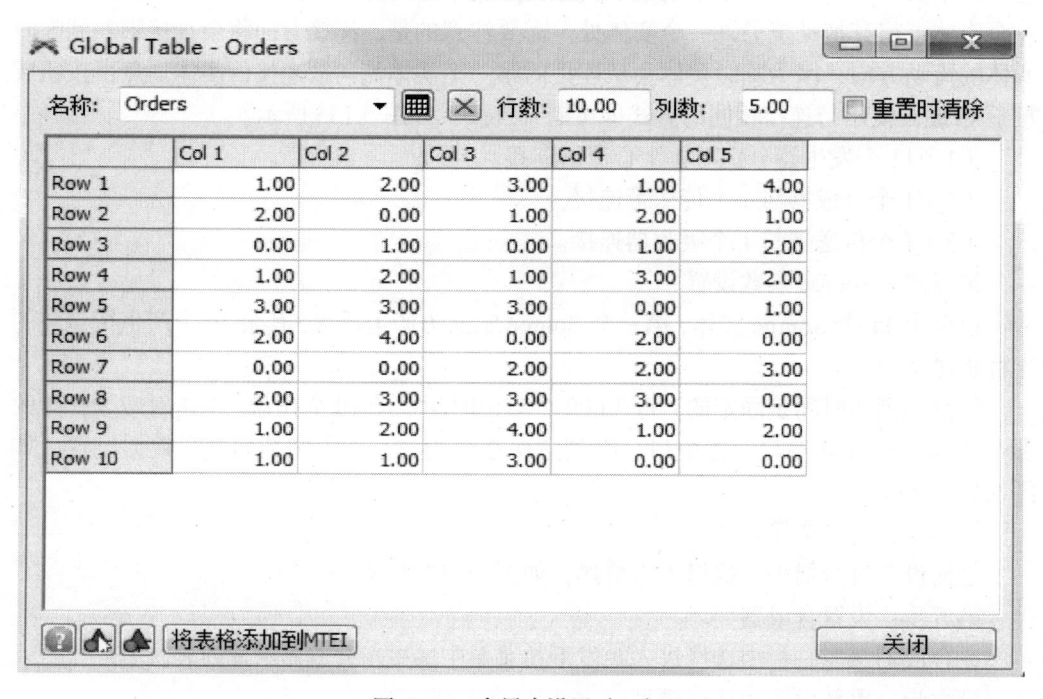

图 5.137　全局表设置（二）

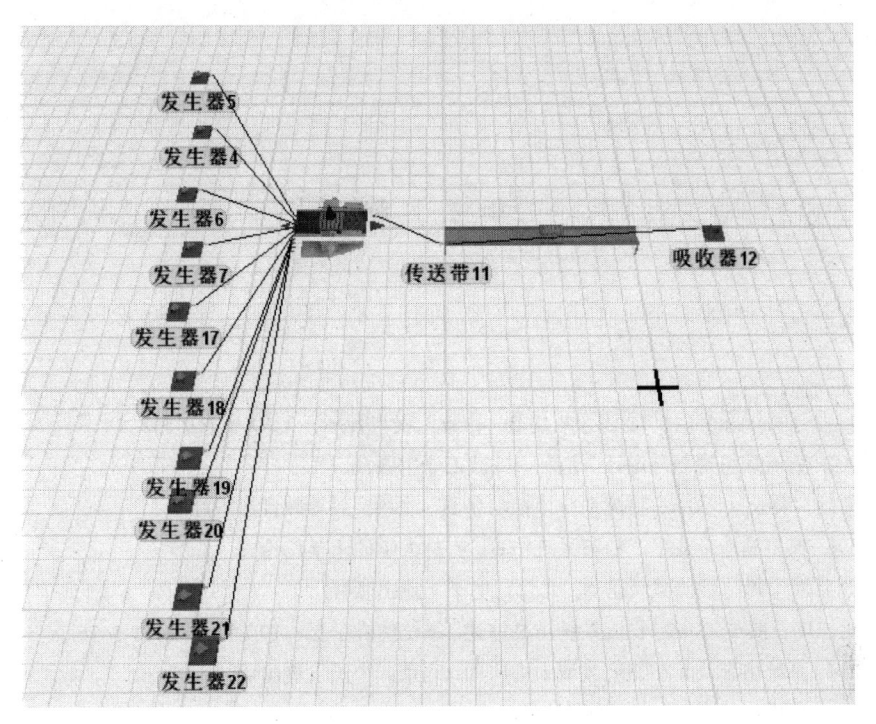

图 5.138　实体模型（二十三）

4. 思考题

思考优化该模型的方法。

参 考 文 献

戴晨. 2014. 基于Flexsim的生产物流系统仿真. 物流工程与管理，（7）：140-142.

方仲民. 2007. 物流系统规划与设计. 北京：机械工业出版社.

傅培华，彭扬，蒋长兵. 2006. 物流系统模拟与仿真. 北京：高等教育出版社.

金凤花. 2006. 典型制造企业生产物流系统仿真. 吉林大学硕士学位论文.

隽志才，孙宝凤. 2007. 物流系统仿真. 北京：电子工业出版社.

李永先，胡祥培，熊英. 2007. 物流系统仿真综述. 系统仿真学报, 19（7）：1411-1416.

刘同娟. 2014. 系统仿真及其在物流领域中的应用. 北京：中国发展出版社.

王红卫. 2002. 建模与仿真. 北京：科学出版社.

肖田元，范文慧. 2000. 系统仿真导论. 北京：清华大学出版社.

于越，金淳，霍琳. 2007. 基于仿真优化的集装箱堆场资源大门系统规划研究. 系统仿真学报, 19（13）：3080-3084.

张晓萍. 1998. 现代生产物流及仿真. 北京：清华大学出版社.

张晓萍，石伟，刘玉坤. 2008. 物流系统仿真. 北京：清华大学出版社.

张志刚，曹西京，刘昌祺，等. 2005. 自动化立体仓库系统仿真的研究. 计算机仿真, 22（7）：115-117.

Amiry A P. 1965. The simulation of information flow in a steelmaking plant//Hollingdale S. Digital Simulation in Operational Research.London：English University Press：347-356.

Bazjanac V. 1990. Interactive simulation of building evacuation with elevators//Gess L, Heier V M, Berosik G L. Proceedings of the Ninth Annual Simulation Symposium. New York：IEEE：504-512.

Boshop J L，Balci O. 1990. General purpose visual simulation system：a functional description//Balci O, Sadowski R P, Nance R E. Proceedings of 1990 Winter Simulation Conference. New York：IEEE：504-512.

Fan Z，Tian C，Feng X. 2012. Flexsim system simulation software in the sorting system design. Journal of Gannan Normal University，3：19.

Hurrion R D. 1980. An interactive visual simulation system for industrial management. European Journal of Operational Research，5：86-93.

Rooks M. 1991. A unified framework for visual interactive simulation//Nelson B L, Kelton W D, Clark G M, et al. Proceedings of the 1991 Winter Simulation Conference. New York：IEEE：1146-1155.

Tang X Y，Shi J，Chen L C，et al. 2013. Logistics simulation and optimization design of one production line based on flexsim. Applied Mechanics Materials，397：2622-2625.

Wein L M. 1988. Scheduling semiconductor wafer fabrication. IEEE Transactions on Semiconductor Manufacturing, 1（1）: 36-46.

Zhao J Y, Chang L. 2012. Improving the automation level of AS/RS based on simulation with Flexsim. Journal of Zhengzhou University, 33（2）: 95-98.